SÜßE VERSUCHUNG

SÜSE VERSUCHUNG

Aimee Twiggers besondere Rezepte
für Cupcakes, Cookies und Teatime-Leckereien

Lifestyle
**BUSSE
SEEWALD**

INHALT

VORWORT

Ich war schon immer kreativ, und als ich vor einigen Jahren meine Liebe zum Backen entdeckte, verschmolz beides auf ganz natürliche Weise miteinander. Wie sich vielleicht schon erahnen lässt, kreiere ich am liebsten süße Köstlichkeiten. Diese Leckereien sollten jedoch nicht nur süß schmecken, sondern auch genauso aussehen. Wenn ich backe, möchte ich auch ein kleines Kunstwerk erschaffen. Daher habe ich meist schon ein Bild des fertigen Backwerks vor Augen, bevor ich überhaupt erst über das Rezept nachdenke.

Dabei gefällt mir das Dekorieren ebenso gut wie das Backen selbst. Eine besondere Ausrüstung habe ich nicht – lediglich eine Standardkamera und Unmengen von Dekorationen und Backutensilien. Ich stöbere häufig in Secondhandläden oder auch bei Internet-Auktionshäusern nach Deko-Stücken oder Vintage-Backutensilien, die machen sich besonders gut auf Fotos.

Selbst wenn es nicht darum geht, Selbstgebackenes für ein Foto ins rechte Licht zu rücken, sind Secondhandläden eine gute Anlaufstelle. Vintage-Dosen und -Schachteln sind tolle Geschenke, besonders wenn sie mit köstlichen Leckereien gefüllt werden. Alle Rezepte in diesem Buch eignen sich wunderbar als Geschenk für Familie und Freunde und sind leicht nachzubacken. Für den Fall, dass Sie sich trotzdem unsicher sein sollten, habe ich zudem verschiedene Schwierigkeitsgrade (🥄 für einfach und 🥄🥄🥄 für schwierig) angegeben. Bei komplizierteren Handgriffen helfen Ihnen Schritt-für-Schritt-Fotos, damit alles ganz leicht von der Hand geht!

Love, Aimee x

HINWEISE ZUM BACKEN

Zutaten

Butter: Ich verwende für Kuchen und Torten Butter mit Zimmertemperatur und kalte Butterwürfel für Blätterteig oder Kekse.

Eier: Für Kuchen, Torten oder Cupcakes sollten Eier ebenfalls Zimmertemperatur haben.

Backpulver: Falls Sie prüfen möchten, ob das Backpulver noch seine Triebkraft besitzt, geben Sie einen Löffel voll in etwas Wasser. Sprudelt es, können Sie es noch verwenden.

Mehl: Es gibt viele verschiedene Mehlsorten, die unterschiedliche Glutengehalte haben, beispielsweise herkömmliches Weizenmehl, Dinkel- oder Roggenmehl. Ich verwende am häufigsten Weizenmehl, jedoch mag ich auch Dinkelmehl. Sieben Sie das Mehl, damit keine Klumpen im Teig entstehen. Beim Backen von Kuchen und Torten das Mehl nur unterheben, nicht mit dem elektrischen Rührgerät unterrühren. Dadurch wird der Teig leicht und locker.

Backzubehör

Küchenmaschine: Ich schwöre auf meine Küchenmaschine und kann jedem nur empfehlen, sich auch eine zuzulegen. Ich verwende sie für viele Arbeitsschritte, von der Zubereitung von Keks- und Blätterteig bis zum Pürieren von Obst oder dem Zerkleinern unterschiedlichster Zutaten. Dabei müssen Sie keine Unsummen für ein teures Gerät mit umfangreichem Zubehör ausgeben. Ich habe ein preiswertes Modell, und das einzige Zubehör, das ich häufig nutze, ist der Messereinsatz. Bei den Rezepten habe ich angegeben, ob eine Küchenmaschine benötigt wird.

Standmixer: Auch dieses Küchengerät kann ich nur empfehlen. Geräte, die auch über eine Rührfunktion verfügen, sind ideal zum Zubereiten von Baiser oder Marshmallows. Bei den Rezepten habe ich angegeben, ob ein Standmixer benötigt wird.

Teigschaber: Dies ist mein Favorit unter den Küchenutensilien, da er sich so universell verwenden lässt. Teigschaber sind ideal zum Unterheben von Zutaten und auch die Seiten der Rührschüssel lassen sich leicht abschaben, sodass alles gut vermengt wird und keine Reste übrig bleiben. Glasurmasse lässt sich damit auch ganz einfach auf Kuchen oder Cupcakes verteilen.

1. Cupcakes

Kleine Honigkuchen mit Feigen, Pistazien und Mascarpone

Für 6 kleine Kuchen   Schwierigkeitsgrad

Für die Honigkuchen

125 g Butter

110 g feiner Zucker

2 Eier (Größe M)

2 EL Honig plus etwas
   zum Beträufeln

110 g Weizenmehl

½ TL Backpulver

2 EL zerstoßene Pistazienkerne
   plus etwas zum Bestreuen

Für die Glasur und das Topping

240 g Mascarpone

125 g Puderzucker

3 frische Feigen

Außerdem

Silikon-Backform für Cupcakes

Vorbereiten: 10 Minuten
Backzeit: 12 Minuten
Dekorieren: 15 Minuten

Für die Honigkuchen

Den Backofen auf 180 °C vorheizen. Butter und Zucker in einer Schüssel hell und cremig schlagen. Die Eier nacheinander unterrühren. 2 EL Honig dazugeben und gut verrühren. Das Mehl mit dem Backpulver mischen, über die Masse sieben, 2 EL zerstoßene Pistazienkerne hinzufügen und unter den Teig heben.

Die Backform zu etwa drei Vierteln mit dem Teig füllen. 12 Minuten backen und abkühlen lassen.

Für die Glasur und das Topping

Mascarpone und Puderzucker verrühren. Die Honigkuchen durch Abschneiden der gewölbten Oberfläche begradigen und jeweils 2 Honigkuchen mit Mascarponemasse zusammensetzen. Mit etwas Honig beträufeln, ein wenig Mascarponemasse daraufstreichen, erneut mit etwas Honig beträufeln und mit den restlichen zerstoßenen Pistazien bestreuen. Jeden Honigkuchen mit einer halbierten Feige verzieren.

ESSBARE ROSEN-CAKE-POPS

Eines Tages hatte ich die Idee, ein essbares Blumenbouquet zu kreieren. Bei diesen Rosen handelt es sich nicht um echte Blüten, sondern um Cake Pops mit Blütenblättern aus Fondant (Zuckermasse). Anstelle von Lolli-Stielen habe ich die Stängel künstlicher Blumen verwendet, so sehen sie realistischer aus.

Eine schöne Idee zum Muttertag!

Essbare Rosen-Cake-Pops

Für 20 Cake Pops   Schwierigkeitsgrad ✐✐✐

Für die Teigkugeln
125 g Butter
110 g feiner Zucker
2 Eier (Größe M)
Mark 1 Vanilleschote
110 g Weizenmehl
½ TL Backpulver
¼ TL Salz

Für die Blütenblätter
pinkfarbene Lebensmittelfarbe
250 g Fondant (Packung) oder
   Schokolade zum Modellieren

Außerdem
Backform für Cake Pops
Stängel von Kunstblumen oder
   Lolli-Stiele
Nudelholz

Vorbereiten: 10 Minuten
Backzeit: 11–15 Minuten
Dekorieren: 15 Minuten je Cake Pop

Für die Teigkugeln
Den Backofen auf 180 °C vorheizen. Butter und Zucker in einer Schüssel cremig schlagen. Zuerst die Eier einzeln, dann das Vanillemark unterrühren. Mehl, Backpulver und Salz darübersieben und unter den Teig heben.

Den Teig mit einem Löffel in die Cake-Pop-Form füllen, dabei die Mulden bis obenhin füllen. Deckel aufsetzen, 11–15 Minuten backen und anschließend abkühlen lassen.

Nach dem Abkühlen die Kunstblumenstängel oder Lolli-Stiele in die Teigkugeln schieben.

Für die Blütenblätter
Etwas Lebensmittelfarbe in den Fondant oder die Modellierschokolade einkneten, bis der gewünschte Farbton erreicht ist. Eine kleine Kugel aus Fondant zu einer Blütenblätterform ausrollen. Das Blatt um eine Teigkugel legen und am oberen Ende leicht zusammendrücken (siehe Abbildung 1). Ein zweites Blatt leicht überlappend darüberlegen. Die Rückseite jeweils mit etwas Wasser bestreichen, damit die Blätter aneinanderhaften.

Weitere Blütenblätter ergänzen, bis die Teigkugel vollständig bedeckt ist (siehe Abbildung 2). Mit einer zweiten Schicht fortfahren, dabei die Oberkanten leicht nach außen biegen (siehe Abbildung 3). Eine dritte Schicht Blütenblätter hinzufügen, hier die oberen Kanten noch deutlicher nach außen biegen (siehe Abbildung 4).

14

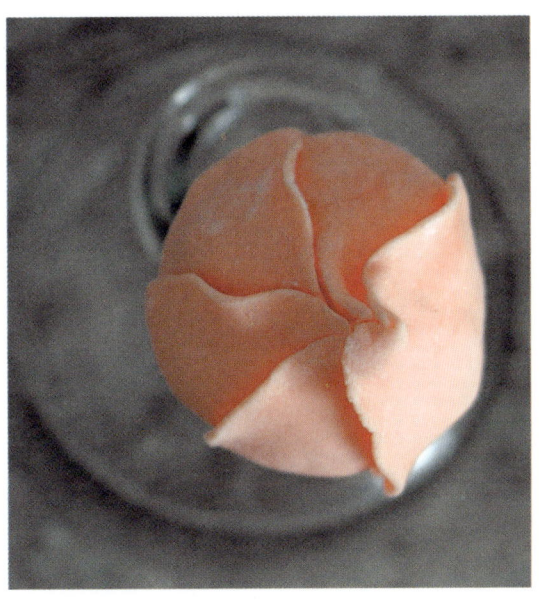

1. Das Blütenblatt auf die Teigkugel legen, die Oberkante leicht zusammendrücken.

2. Die Blätter überlappend platzieren, die Rückseiten mit Wasser bestreichen, damit sie aneinanderhaften.

3. Rundherum eine zweite Schicht Blütenblätter auflegen, die oberen Kanten nach außen drücken.

4. An den äußeren Rosenblättern die Oberkanten noch deutlicher nach außen formen.

SAFTIGE SUKKU-LENTEN-CUPCAKES

~~~❧❦❧~~~

Ich liebe es, Dinge zu kreieren, bei denen andere ins Staunen geraten und sich fragen „Ist das wirklich echt?" Diese Cupcakes wurden aus einem Schokoladen-Biskuitteig gebacken, haben eine Schokoglasur und sind mit „Sand" aus Keksen und braunem Zucker bedeckt, aus dem „Sukkulenten" aus Fondant sprießen.

Saftige Sukkulenten-Cupcakes

Für 6 Cupcakes   Schwierigkeitsgrad 🥄🥄

Für den Biskuitteig

125 g Butter
110 g feiner Zucker
2 Eier (Größe M)
½ TL Vanilleextrakt (ersatzweise
   gemahlene Vanille)
110 g Weizenmehl
1 TL Backpulver
2 EL Kakaopulver
1 EL Milch

Für die Buttercreme

125 g Butter
155 g Puderzucker
2 EL Kakaopulver

Zum Dekorieren

3 einfache Kekse
60 g Muscovadozucker
250 g grüner Fondant
dunkelviolettes Lustre Dust
   (essbarer Glanzpuder)
6 Pflanzenstecker

Außerdem

6 kleine Torttöpfchen
   (Gartenmarkt)
Blumenausstecher in
   zwei Größen
Ball Tool (Modellierwerkzeug
   mit Kugelkopf)
Schere

Vorbereiten: 10 Minuten
Backzeit: 15–20 Minuten
Dekorieren: 30 Minuten

Für den Biskuitteig

Den Backofen auf 180 °C vorheizen. Die Torttöpfchen mit Backpapier auslegen. Butter und Zucker in einer Schüssel cremig schlagen. Erst die Eier einzeln, dann den Vanilleextrakt unterrühren. Mehl, Backpulver und Kakaopulver darübersieben und unter den Teig heben. Die Milch unterrühren. Die Töpfchen mit einem Löffel etwa zu drei Vierteln mit Teig füllen. 15–20 Minuten backen, anschließend abkühlen lassen.

Für die Buttercreme

Die Zutaten für die Buttercreme glatt rühren. Die gewölbte Oberfläche der Cupcakes abschneiden, das Backpapier zurückschneiden, sodass es nicht mehr zu sehen ist. Etwas Buttercreme auf jeden Cupcake streichen (siehe Abbildung 1).

Zum Dekorieren

Für den Sand die Kekse fein zerbröseln, mit Zucker mischen und auf die Cupcakes streuen (siehe Abbildung 1).

Für die Sukkulenten den Fondant ausrollen. Mit den Blumenausstechern 2 große und 3 kleine Blumen ausstechen. Die Blätter mit dem Ball Tool formen (siehe Abbildung 2). Nun die kleineren Blumen auf den größeren platzieren, etwas Wasser zum Anhaften daraufstreichen. Für die Mitte jeder Sukkulente einen kleinen Kegel aus Fondant formen (siehe Abbildung 3), diesen mit der Schere so einschneiden, dass er einer Blätterknospe ähnelt. Etwas Lustre Dust auf die Kanten jedes Blättchens streichen. Die Blätter in Eierbecher stellen, damit sie nicht ihre Form verlieren und aushärten können. Je eine Sukkulente und einen Pflanzenstecker auf den Cupcakes platzieren (siehe Abbildung 4).

1. Die Oberfläche der Cupcakes mit Buttercreme bestreichen und mit Keks-Sand bestreuen.

2. Die Blätter mithilfe des Ball Tools formen.

3. Einen knospenförmigen Kegel aus Fondant formen.

4. Die Blätter mit Lustre Dust bestreichen. Die Cupcakes mit Pflanzensteckern verzieren.

19

Lavendel-Cupcakes mit essbaren Blüten

Für 24 Cupcakes   Schwierigkeitsgrad

Für die verzuckerten Blüten
verschiedene essbare Blüten,
  z. B. Primeln oder Veilchen
55 g feiner Zucker
55 g Eiweiß (etwa 1 Eiweiß)

Für die Cupcakes
250 g Butter
370 g feiner Zucker
4 Eier (Größe M)
375 g Weizenmehl
2 ½ TL Backpulver
1 TL Salz
250 ml Milch
1 TL Lavendelextrakt (siehe
  Bezugsadressen im Anhang)

Für die Glasur
60 g Puderzucker
2 EL Zitronensaft
violette Lebensmittelfarbe

Außerdem
kleiner Pinsel
Kuchengitter zum Auskühlen
Cupcake-Backform
24 Cupcake-Förmchen

Vorbereiten: Blüten: 10 Minuten plus Aushärten über Nacht, Cupcakes: 10 Minuten
Backzeit: 15–20 Minuten
Dekorieren: 10 Minuten

Für die verzuckerten Blüten
Die Blüten waschen und vorsichtig trocken tupfen. Den Zucker in eine kleine Schale füllen. Mithilfe eines kleinen Pinsels etwas Eiweiß auf jede Blüte streichen, diese dann in den Zucker tauchen. Auf einem Kuchengitter über Nacht aushärten lassen.

Für die Cupcakes
Am nächsten Tag den Backofen auf 180 °C vorheizen. Butter und Zucker in einer Schüssel cremig schlagen. Die Eier einzeln unterrühren. Mehl, Backpulver und Salz darübersieben und unter den Teig heben. Milch und Lavendelextrakt hinzufügen und alles zu einem glatten Teig verrühren.

Die Cupcake-Förmchen etwa zu drei Vierteln mit Teig füllen. 15–20 Minuten backen. Abkühlen lassen.

Für die Glasur
Puderzucker und Zitronensaft mit 1–2 TL kaltem Wasser glatt rühren. Die Lebensmittelfarbe unterrühren, dabei jeweils nur eine kleine Menge hinzugeben, bis der gewünschte Farbton erreicht ist. Die Cupcakes mit der Glasur bestreichen, dann mit sanftem Druck einige verzuckerte Blüten daraufsetzen.

WEIßE SCHOKO-HIMBEER-MUFFINS

Um die Muffins für den Muttertag so richtig in Szene zu setzen, habe ich sie mit aufgespritzten Blüten verziert. Das geht ganz einfach — vertrauen Sie mir, denn der Umgang mit dem Spritzbeutel gehört nicht zu meinen Stärken! Den Teig habe ich mit Himbeeren und weißer Schokolade aufgepeppt. Die Blüten, die ein wenig an Nelken erinnern, sind aus Frischkäse-Glasur geformt.

Weiße Schoko-Himbeer-Muffins

Für 24 Muffins   Schwierigkeitsgrad 🖉 🖉 🖉

Vorbereiten: 10 Minuten
Backzeit: 25 Minuten
Dekorieren: 10 Minuten je Muffin

Für die Muffins

250 g Butter
375 g feiner Zucker
4 Eier (Größe M)
250 ml Milch
1 TL Salz
375 g Weizenmehl
2½ TL Backpulver
125 g Himbeeren
40 g weiße Schokolade

Für die Glasur

100 g Sahne
100 g Mascarpone
60 g Puderzucker
1 TL Vanilleextrakt (ersatzweise
   gemahlene Vanille)
350 g Frischkäse
pinkfarbene Lebensmittelfarbe

Außerdem

Cupcake-Backform
24 Cupcake-Förmchen
Spritzbeutel
Blumentülle

Für die Muffins

Den Backofen auf 180 °C vorheizen. Butter und Zucker in einer Schüssel cremig schlagen. Die Eier einzeln unterrühren, dann Milch und Salz hinzufügen. Mehl und Backpulver darübersieben und unterheben. Die Hälfte der Himbeeren unterrühren, diese dabei ein wenig zerdrücken (den Teig aber nicht zu stark rühren). Schokolade hacken, zusammen mit den übrigen Himbeeren hinzufügen.

Die Cupcake-Förmchen zu etwa drei Vierteln mit Teig füllen, 25 Minuten backen und anschließend abkühlen lassen.

Für die Glasur

Sahne, Mascarpone, Puderzucker und Vanilleextrakt schlagen, bis sich leichte Spitzen bilden. Frischkäse und etwas Lebensmittelfarbe dazugeben und gut verrühren. Auf jeden Muffin 1 EL der Glasurmasse geben und so verstreichen, dass die Oberfläche vollständig bedeckt ist (siehe Abbildung 1).

Die übrige Glasur in einen Spritzbeutel mit Blütentülle füllen. Mit dem breitesten Teil der Tülle auf den Muffin (siehe Abbildung 2) einen Kreis als Mittelpunkt der Blume aufspritzen. Rundum einen weiteren Kreis aufspritzen. Die Blüten aufspritzen, indem die Tülle die Teigoberfläche berührt, dann den Spritzbeutel nach oben führen und einen Halbkreis aufspritzen (siehe Abbildung 3).

Fortfahren, dabei größere Blütenblätter aufspritzen. An den äußeren Blättern durch Bewegungen des Handgelenks (siehe Abbildung 4) die Blätter nach außen ziehen, sodass sie wie geöffnete Blüten erscheinen.

1. Auf jeden Muffin 1 EL Glasurmasse aufstreichen.

2. Mit dem breitesten Teil der Tülle auf den
Muffin einen Kreis als Mittelpunkt der Blume
aufspritzen.

3. Von der Mitte nach außen arbeiten und immer
größere Halbkreise aufspritzen.

4. Die Blütenblätter an der Außenkante des
Muffins durch eine Bewegung des Handgelenks nach außen ziehen.

MINI-DINKEL-KÜCHLEIN

An einem Wochenende entdeckte ich eine Backform für Mini-Muffins. Dazu kaufte ich winzige Papierförmchen, die eigentlich für Pralinen gedacht sind. Ich liebe alles im Mini-Format — ich weiß selbst nicht warum. Vielleicht weil es etwas Neues ist. So hatte ich eine Menge Spaß beim Backen dieser Cupcake-Häppchen.

1. Die Blüten mithilfe eines Pinsels mit etwas Eiweiß bestreichen.

2. Die Blüten in feinen Zucker tauchen.

3. Die Cupcakes sind fertig gebacken, wenn die Oberfläche auf leichten Druck nachgibt.

4. Glasur auf jeden Cupcake aufspritzen und mit einer verzuckerten Blüte verzieren.

Mini-Dinkelküchlein

Für 12 Cupcakes   Schwierigkeitsgrad

Für die verzuckerten Blüten

verschiedene essbare Blüten,
  z. B. Veilchen, Primeln,
  Tulpenblätter oder
  Rosenknospen
55 g feiner Zucker
1 Eiweiß

Für die Cupcakes

60 g Butter
55 g feiner Zucker
1 Ei (Größe M)
½ TL Rosenwasser
60 g Dinkelmehl
1/4 TL Backpulver
1 EL Milch

Für die Glasur

60 g Frischkäse
60 g Puderzucker
pinkfarbene oder violette
  Lebensmittelfarbe

Außerdem

kleiner Pinsel
Kuchengitter zum Auskühlen
Backform für Mini-Muffins
12 Mini-Papierförmchen
Spritzbeutel

Vorbereiten: Blüten: 10 Minuten plus Aushärten über Nacht,
Cupcakes: 10 Minuten
Backzeit: 8–10 Minuten
Dekorieren: 10 Minuten

Für die verzuckerten Blüten

Die Blüten waschen und vorsichtig trocken tupfen. Den Zucker
in eine kleine Schale füllen. Mithilfe des Pinsels etwas Eiweiß
auf jede Blüte streichen (siehe Abbildung 1), diese dann in den
Zucker tauchen (siehe Abbildung 2). Auf einem Kuchengitter
über Nacht aushärten lassen.

Für die Cupcakes

Am nächsten Tag den Backofen auf 180 °C vorheizen. Butter
und Zucker in einer Schüssel cremig schlagen, dann nach und
nach das Ei unterrühren. Rosenwasser zugeben, Dinkelmehl
und Backpulver darübersieben und unter den Teig heben. Die
Milch hinzufügen, damit der Teig lockerer wird.

Den Teig in die Förmchen füllen oder spritzen, sodass diese zu
drei Vierteln gefüllt sind. 8–10 Minuten backen, anschließend
abkühlen lassen. Die Cupcakes sind fertig gebacken, wenn sie
auf leichten Druck elastisch nachgeben (siehe Abbildung 3).

Für die Glasur

Frischkäse und Puderzucker glatt rühren, dann etwas Lebensmittelfarbe jeweils in kleinen Mengen dazugeben, bis der gewünschte Farbton erreicht ist. Die Glasur in einen Spritzbeutel
füllen und auf die Cupcakes spritzen, die verzuckerten Blüten
sanft andrücken (siehe Abbildung 4).

Hot Cross Bun Cupcakes

Für 12 Cupcakes   Schwierigkeitsgrad

Für die Cupcakes

3 Hühnereier (Größe L) oder
　3 Enteneier
90 ml Buttermilch
185 g Butter
abgeriebene Schale von
　1 Bio-Orange
175 g Weizenmehl
4 TL Backpulver
70 g Mandelmehl
185 g heller Muscovadozucker
½ TL Zimt
½ TL frisch geriebene
　Muskatnuss
½ TL gemahlener Piment
½ TL gemahlene Nelken
100 g Sultaninen
1 EL Aprikosenkonfitüre

Für die Glasur

60 g Frischkäse
40 g Butter
60 g Puderzucker
abgeriebene Schale von
　½ Bio-Orange

Außerdem

Cupcake-Backform
12 Cupcake-Förmchen
Spritzbeutel
runde Spritztülle

Vorbereiten: 10 Minuten
Backzeit: 18–20 Minuten
Dekorieren: 10 Minuten

Für die Cupcakes

Den Backofen auf 180 °C vorheizen. Die Eier in einer Schüssel verquirlen und die Buttermilch hinzugeben. Die Butter schmelzen, zur Mischung hinzufügen und gut verrühren. Die abgeriebene Orangenschale unterrühren.

Mehl, Backpulver, Mandelmehl, Zucker und die Gewürze in eine weitere Schüssel sieben, diese Zutaten dann unter die Eiermischung heben. Die Sultaninen unterrühren.

Die Cupcake-Förmchen zu drei Vierteln mit Teig füllen. 18–20 Minuten backen, bis bei der Stäbchenprobe kein Teig mehr am Stäbchen klebt.

Die Aprikosenkonfitüre mit etwas Wasser in einem Topf erwärmen, bis sich die Masse verflüssigt. Mit einem Backpinsel die noch warmen Cupcakes damit bestreichen, anschließend abkühlen lassen.

Für die Glasur

Alle Zutaten für die Glasur miteinander verrühren. Die Masse in einen Spritzbeutel füllen und mit einer kleinen, runden Tülle ein Kreuz auf jeden Cupcake spritzen.

ETON MESS CUPCAKES

❧

Ich liebe Eton Mess, das traditionelle britische Dessert
mit Baiser, Sahne und Erdbeeren, und ich liebe Cupcakes,
also habe ich beides kombiniert. Ich habe sowohl Erdbeeren
als auch Himbeeren verwendet, aber auch eine Beerensorte
allein schmeckt köstlich. Damit sie noch niedlicher werden,
habe ich gestreifte Mini-Baisers gebacken. Beim Backen von
Baiser achte ich darauf, alle Zutaten exakt abzuwiegen –
passen Sie die Mengen also je nach Bedarf an.
Wiegen Sie das Eiweiß ab und verwenden
Sie die doppelte Menge Zucker.

Eton Mess Cupcakes

Für 6 Cupcakes   Schwierigkeitsgrad 🥄🥄

Für die Baiser-Küsse

110 g feiner Zucker
1 Eiweiß
pinkfarbene Lebensmittelfarbe

Für die Cupcakes

125 g Butter
110 g feiner Zucker
2 Eier (Größe M)
1 TL Vanilleextrakt (ersatzweise
    gemahlene Vanille)
110 g Weizenmehl
½ TL Backpulver
1 EL Milch

Für das Topping

30 g Sahne
30 g Mascarpone
180 g Frischkäse
pinkfarbene Lebensmittelfarbe
185 g Puderzucker
Himbeeren und Erdbeeren
    (frisch oder TK)

Außerdem

Spritzbeutel (für die Baiser-Küsse)
Backblech (für die Baiser-Küsse)
Cupcake-Backblech
6 Cupcake-Förmchen

Vorbereiten: 25 Minuten
Backzeit: Baiser: 40 Minuten, Cupcakes: 20 Minuten
Dekorieren: 10 Minuten

Für die Baiser-Küsse

Die gestreiften Baisers im Mini-Format wie auf Seite 126 beschrieben backen, dabei jeweils kleine Mengen der Baisermasse aufspritzen. Die Baisers 40 Minuten backen, sodass sie durch und durch hart werden und sich leicht zerbröseln lassen.

Für die Cupcakes

Den Backofen auf 180 °C vorheizen. Butter und Zucker in einer Schüssel cremig schlagen. Die Eier einzeln unterrühren. Vanilleextrakt hinzufügen, Mehl und Backpulver darübersieben und unterheben. Die Milch unterrühren, damit der Teig lockerer wird.

Die Cupcake-Förmchen zu etwa drei Vierteln mit Teig füllen (siehe Abbildung 1). 20 Minuten backen, anschließend abkühlen lassen.

Für das Topping

Die Sahne mit dem Mascarpone steif schlagen, dann den Frischkäse und eine kleine Menge Lebensmittelfarbe hinzufügen. Den Puderzucker darübersieben und unterrühren. Die Masse auf den Cupcakes verstreichen, sodass die Oberseite vollständig bedeckt ist (siehe Abbildung 2). Die Baisers zerbröseln und auf die Glasur streuen, dann mit Himbeeren und Erdbeeren verzieren (siehe Abbildung 3 und 4).

1. Die Cupcake-Förmchen zu etwa drei Vierteln mit Teig füllen.

2. Die Cupcakes mit Glasur bestreichen.

3. Cupcakes mit Baiser-Stückchen bestreuen.

4. Mit Himbeeren und Erdbeeren verzieren.

Glasierte Heidelbeermuffins

Für 6 Muffins   Schwierigkeitsgrad ✎

Für die Muffins

80 g Heidelbeeren (frisch oder TK)
125 g Butter
110 g feiner Zucker
1 TL Vanilleextrakt (ersatzweise
    gemahlene Vanille)
2 Eier (Größe M)
110 g Weizenmehl
½ TL Backpulver
1 EL Milch

Für das Topping

30 g Puderzucker
verschiedene essbare Blüten
    (ich habe Kornblumen verwen-
    det, beachten Sie jedoch, dass
    nur die Blütenblätter essbar
    sind)

Außerdem

Backblech
geriffelte Silikon-Cupcake-
    Backform oder Förmchen

Vorbereiten: 10 Minuten
Backzeit: 15–20 Minuten
Dekorieren: 5 Minuten

Für die Muffins

Den Backofen auf 180 °C vorheizen. Die Heidelbeeren auf einem Backblech 5–8 Minuten im Ofen erhitzen, bis sie Saft ziehen. Heidelbeeren in einer Schüssel abkühlen lassen, dabei gelegentlich umrühren, damit die Beeren mehr Saft für die Glasur abgeben.

Butter und Zucker in einer Schüssel cremig schlagen. Vanilleextrakt hinzufügen, die Eier einzeln unterrühren. Mehl und Backpulver darübersieben und zusammen mit den gerösteten Heidelbeeren (abtropfen lassen, Saft für die Glasur auffangen) unterheben. Die Milch unterrühren, damit der Teig lockerer wird.

Die Förmchen etwa zu drei Vierteln mit Teig füllen. 15–20 Minuten backen, bis bei der Stäbchenprobe kein Teig mehr am Stäbchen klebt. Anschließend abkühlen lassen.

Für das Topping

Den aufgefangenen Heidelbeersaft mit dem Puderzucker verrühren und damit die Muffins glasieren. Mit frischen Blüten verzieren (die Blüten vorher vorsichtig abspülen und trocken tupfen).

2. Teatime-Leckereien

Cheesecake-Eier und Shortbread Soldiers

Für 12 Eier und 12 Soldiers   Schwierigkeitsgrad

Für die Eierschalen
12 ausgewaschene Eierschalen

Für den Cheesecake
125 g Sahne
125 g Mascarpone
180 g Frischkäse
30 g Puderzucker
abgeriebene Schale von
   ½ Bio-Zitrone
Lemoncurd oder
   Zitronenmarmelade

Für das Shortbread
150 g Weizenmehl
60 g Maisstärke
75 g feiner Zucker
¼ TL Salz
125 g Butter

Außerdem
Küchenmaschine mit Schneebeseneinsatz
quadratische Backform
   (20 x 20 cm)

Vorbereiten: Shortbread: 10 Minuten, Cheesecake: 10 Minuten
Backzeit: 30 Minuten
Dekorieren: 5 Minuten

Für die Eierschalen
Die Eierschalen vom Backen oder Frühstück aufbewahren. Ich entferne die Haut auf der Innenseite und reinige die Schalen in kochendem Wasser, um Keime zu entfernen. An der Luft trocknen lassen.

Für den Cheesecake
Sahne, Mascarpone und Frischkäse in die Rührschüssel geben, Puderzucker vorsichtig mit dem Schneebesen unterheben. Anschließend so lange mit dem Rührgerät rühren, bis die Masse dick und schaumig ist (1–2 Minuten bei mittlerer bis hoher Stufe). Abgeriebene Zitronenschale unterrühren.

Die Mischung in einen Spritzbeutel füllen und eine kleine Menge in jede Eierschale spritzen. 1 TL Lemoncurd oder Marmelade als „Eidotter" dazugeben.

Für das Shortbread
Den Backofen auf 180 °C vorheizen, Backform mit Backpapier auslegen. Mehl, Stärke, Zucker und Salz vermengen. Die Butter unterrühren, bis sich alle Zutaten gerade verbinden. Die Mischung in die Backform geben und andrücken. In Rechtecke schneiden, jedes Stück mit einem Holzstäbchen mehrmals einstechen und 30 Minuten im heißen Ofen backen. Aus dem Ofen nehmen, die Rechtecke nochmals nachschneiden und abkühlen lassen.

Die Shortbread Soldiers in die gefüllten Eier eintauchen und genießen.

ORANGEN-ROSENWASSER-SCONES MIT SAFRAN

❧

Ich nenne sie auch gerne die Scones des Sultans, da sie
die Aromen des Nahen Ostens verströmen, wie beispielsweise
Rosenwasser und Safran — letzteres ein Gewürz, das
sprichwörtlich mit Gold aufgewogen wird.

Orangen-Rosenwasser-Scones mit Safran

Für 8 Scones   Schwierigkeitsgrad 🥄

Vorbereiten: 10 Minuten
Backzeit: 35–40 Minuten
Dekorieren: 5 Minuten

Für die Scones

10 Safranfäden
200 g Weizenmehl plus etwas
　zum Bestäuben
110 g Zucker
¼ TL Salz
2 TL Backpulver
60 g Butter
1 Ei (Größe L)
60 ml griechischer Joghurt
60 ml Orangensaft
½ TL Orangenextrakt (siehe
　Bezugsadressen im Anhang)
1 TL abgeriebene Schale von
　1 Bio-Orange
1 EL Rosenwasser
2 EL getrocknete
　Rosenblütenblätter

Für die Glasur

125 g Puderzucker
2 EL Orangensaft
1 TL abgeriebene Schale von
　1 Bio-Orange

Außerdem

Backblech
großes Messer oder
　Pizzaschneider

Für die Scones

Den Backofen auf 180 °C vorheizen und ein Backblech mit Backpapier auslegen. Die Safranfäden in 1 EL kochendem Wasser einweichen. Mehl, Zucker, Salz, Backpulver und Butter verrühren, bis sie eine krümelige Textur bilden (siehe Abbildung 1). Ei, Joghurt, Orangensaft und -extrakt sowie abgeriebene Orangenschale unterrühren (siehe Abbildung 2). Das Safranwasser sowie das Rosenwasser und die Blütenblätter hinzufügen (siehe Abbildung 3).

Den Teig zu einer großen Kugel formen, diese auf das Backblech legen. Mit Mehl bestäuben. Den Teig kreisrund flach drücken. Mit einem großen Messer oder Pizzaschneider den Teig in Dreiecke schneiden, anschließend 25 Minuten backen. Aus dem Ofen nehmen und die Dreiecke nochmals nachschneiden. Teigstücke trennen und im Ofen weitere 10–15 Minuten backen. Vor dem Glasieren vollständig auskühlen lassen.

Für die Glasur

Alle Zutaten für die Glasur in einer Schüssel verrühren. Mit einem Löffel oder Pinsel auf den Scones verteilen (siehe Abbildung 4) und ca. 15 Minuten fest werden lassen. In einem luftdichten Behälter aufbewahren.

1. Die Zutaten für die Scones verrühren, bis sie eine krümelige Textur bilden.

2. Ei, Joghurt, Orangensaft und -extrakt sowie abgeriebene Orangenschale hinzufügen.

3. Safran- und Rosenwasser sowie Blütenblätter zum Teig hinzufügen.

4. Die Glasur über die Scones träufeln und fest werden lassen.

Erdbeer-Milchshake-French-Toast

Für 6 Scheiben   Schwierigkeitsgrad 🥄

Für den Toast
200 ml Milch
etwa 25 Erdbeeren (frisch oder TK)
2 EL Zucker
3 Eier (Größe M)
1 TL Vanilleextrakt (ersatzweise
    gemahlene Vanille)
60 g Butter und etwas zum Braten
6 Scheiben Brioche vom Vortag

Für den Sirup
60 g feiner Zucker

Außerdem
Standmixer
Pfanne

Vorbereiten: 5 Minuten
Zubereiten: 6 Minuten je Scheibe, 15 Minuten für den Sirup

Für den Toast
Im Mixer aus Milch, 5 mittelgroßen Erdbeeren und Zucker eine Erdbeermilch bereiten. Eier und Vanilleextrakt unterrühren. Die Butter zerlassen und ebenfalls unter die Mischung rühren.

Einige der restlichen Erdbeeren in Scheiben schneiden. In jede Brotscheibe eine Tasche schneiden und die Erdbeerscheiben hineingeben. Die Scheiben etwa 1 Minute im Milchshake einweichen, damit sie sich vollsaugen können. Brot wenden und mit der anderen Seite in die Milchmischung legen.

Etwas Butter in einer Pfanne erhitzen. Je eine Scheibe des getränkten Brots in der Pfanne von jeder Seite 3 Minuten goldbraun rösten.

Für den Sirup
Die übrigen Erdbeeren in kleine Stücke schneiden und in einem Topf mit dem Zucker und 1 EL Wasser bei geringer Hitze rund 10 Minuten sirupartig einkochen. Den Sirup durch ein Sieb passieren und über den Toast gießen.

NANAIMO BARS

Nanaimo Bars sind eine kanadische Spezialität aus Biskuitteig, einer Schicht Buttercreme und einem Guss aus Schokolade. Mein Glück war es, dass eines meiner Familienmitglieder in Kanada lebte, so bin ich mit dieser Leckerei aufgewachsen. Meine Brüder und ich lieben Nanaimo Bars und mein Lebensgefährte ebenfalls. Er bettelt praktisch, dass ich wieder welche backe. Damit habe ich kein Problem, denn sie sind wirklich einfach zu machen. In der Regel wird die untere Teigschicht mit einem Ei gebacken, doch ich mag's lieber ohne.

Nanaimo Bars

Für 16 Nanaimo Bars   Schwierigkeitsgrad ✐

Für die untere Schicht
3 EL gehackte Walnüsse
200 g Kekskrümel (etwa
　　15 einfache Kekse)
4 EL Kakaopulver
60 g feiner Zucker
1 TL Vanilleextrakt (ersatzweise
　　gemahlene Vanille)
45 g Kokosraspel
185 g Butter

Für die mittlere Schicht
250 g Butter
2–3 TL Milch oder Sahne
2 EL Vanillepuddingpulver
½ TL Vanilleextrakt (ersatzweise
　　gemahlene Vanille)
200 g Puderzucker

Für den Schokoguss
100 g Zartbitterschokolade
　　(mind. 70 % Kakaogehalt)
1 EL Butter

Außerdem
Backblech
Küchenmaschine
quadratische Backform
　　(20 x 20 cm)

Vorbereiten: untere Schicht: 10 Minuten, mittlere und obere Schicht: je 5 Minuten
Backzeit: 10 Minuten
Fertigstellung: 10 Minuten plus 1 Stunde Kühlzeit

Für die untere Schicht
Den Backofen auf 180 °C vorheizen und ein Backblech mit Backpapier auslegen. Die Walnüsse und Kekse in der Küchenmaschine feinkrümelig zerkleinern. Kakao, Zucker, Vanilleextrakt und Kokosraspel hinzufügen (siehe Abbildung 1), alles gut vermengen. Die Butter zerlassen, zu den trockenen Zutaten geben und gut untermischen.

Die Mischung in die Backform drücken (siehe Abbildung 2) und 10 Minuten backen. Die Mischung wird etwas aufgehen, deshalb sofort flach drücken, wenn die Form aus dem Ofen genommen wird. Abkühlen lassen, sodass die Masse fest werden kann.

Für die mittlere Schicht
Die Zutaten für die mittlere Schicht glatt rühren und auf die abgekühlte untere Schicht streichen (siehe Abbildung 3). 30 Minuten kalt stellen, bevor die oberste Schicht darüber kommt.

Für den Schokoguss
Schokolade hacken und mit der Butter in der Mikrowelle oder einer hitzebeständigen Schüssel über dem heißen Wasserbad schmelzen. Die geschmolzene Schokolade über die mittlere Schicht verteilen (siehe Abbildung 4). 30 Minuten kalt stellen, dann in Stücke teilen.

1. Kakaopulver, Zucker, Vanilleextrakt und Kokosraspel in der Küchenmaschine vermischen.

2. Die Mischung in der Backform andrücken.

3. Die Crememischung auf die untere Schicht streichen.

4. Die Schokolade auf der Crememischung glatt streichen.

SAMOA BROWNIES

Samoas sind ein Gebäck der amerikanischen Pfadfinderinnen, den Girl Scouts. Sie bestehen aus einem mit Karamell und gerösteten Kokosraspeln überzogener Keks. Ich habe für diese herrliche Leckerei Brownies mit einem Topping aus Karamell und gerösteten Kokosraspeln versehen und mit geschmolzener Schokolade verziert.

Samoa Brownies

Für 9 Brownies   Schwierigkeitsgrad

Für die Brownies
200 g Zartbitterschokolade
   (mind. 70 % Kakaogehalt)
90 g Butter
4 Eier (Größe M)
220 g feiner Zucker
110 g Weizenmehl
4 EL Kakaopulver
1 TL Backpulver

Für das Karamell
90 g Kokosraspel
60 g Butter
110 g feiner Zucker
100 g Muscovadozucker
125 g Zuckerrübensirup
125 ml süße Kondensmilch

Zum Dekorieren
100 g Schokolade

Außerdem
Backblech
quadratische Backform
   (20 x 20 cm)

Vorbereiten: 20 Minuten
Zubereiten: Brownies: 25–30 Minuten, Topping: 10 Minuten
Dekorieren: 10 Minuten

Für die Brownies
Den Backofen auf 180 °C vorheizen und ein Backblech mit Backpapier auslegen. Die Schokolade zerkleinern, mit Butter in der Mikrowelle oder einer hitzebeständigen Schüssel über dem heißen Wasserbad schmelzen, anschließend abkühlen lassen. Eier und Zucker in einer Schüssel cremig schlagen, dann die Schokoladenmischung unterheben. Mehl, Kakao und Backpulver darübersieben und vorsichtig unterheben, bis ein homogener Teig entsteht.

Die Mischung in die vorbereitete Backform füllen und 25–30 Minuten backen, dann abkühlen lassen.

Für das Karamell
Die Kokosraspel auf einem Backblech 5 Minuten im Ofen rösten. Die übrigen Zutaten in der Mikrowelle 6 Minuten oder einer hitzebeständigen Schüssel über dem heißen Wasserbad erhitzen, dabei alle 2 Minuten umrühren.

Die Hälfte des Karamells auf die Brownies geben (siehe Abbildung 1). Das übrige Karamell mit der Hälfte der gerösteten Kokosraspel mischen (siehe Abbildung 2) und auf den Brownies verteilen (siehe Abbildung 3). Übrige Kokosraspel darüberstreuen.

Zum Dekorieren
Die Schokolade hacken, schmelzen und linienförmig auf die Brownies spritzen (siehe Abbildung 4). Brownies in Stücke schneiden.

1. Die Hälfte des Karamells auf die gebackenen und abgekühlten Brownies geben.

2. Das übrige Karamell mit den Kokosraspeln
mischen.

3. Die Karamell-Kokos-Mischung auf den
Brownies verteilen.

4. Die Schokolade schmelzen und auf die
Brownies spritzen.

Kirsch-Mandel-Schokoladen-Blondies

Für 8 Blondies   Schwierigkeitsgrad

Für die Blondies

100 g entsteinte Kirschen plus
    einige für das Topping
2 Eier (Größe M)
100 g Muscovadozucker
1 TL Vanilleextrakt (ersatzweise
    gemahlene Vanille)
1 TL Mandelextrakt (siehe
    Bezugsadressen im Anhang)
90 g Butter plus evtl. etwas für
    die Form
100 g Weizenmehl
100 g Schokoladentröpfchen
4 EL Mandelblättchen plus etwas
    zum Bestreuen
1 Prise Salz

Für die Glasur

60 g Puderzucker

Außerdem

runde Backform (ø 20 cm)

Vorbereiten: 10 Minuten
Backzeit: 25 Minuten
Dekorieren: 5 Minuten

Für die Blondies

Den Backofen auf 180 °C vorheizen. Die Backform einfetten oder mit Backpapier auslegen. Die Kirschen halbieren und den Boden der Backform damit belegen.

Eier und Zucker in einer Schüssel dicklich schlagen, Vanille- und Mandelextrakt dazugeben. Die Butter zerlassen. Jeweils ein Viertel der Butter nach und nach unter die Mischung ziehen. Mehl, Schokoladentröpfchen, Mandelblättchen und Salz unterrühren.

Die Mischung in die Backform füllen, mit Kirschen belegen und Mandelblättchen darüberstreuen. 25 Minuten backen, anschließend abkühlen lassen.

Für die Glasur

Puderzucker mit einigen Tropfen Wasser verrühren und auf den Blondies verteilen. Den gebackenen Teig in Stücke schneiden.

GEBACKENE BANANEN-SCHO-KOLADEN-DONUTS

Ich liebe Banana Bread (ein süßes Bananenbrot) und suche immer nach neuen Möglichkeiten, dieses zu genießen. Eines Tages hatte ich mehrere reife Bananen, die eine Verwendung finden mussten — so kam mir die Idee für Bananenbrot-Donuts mit Schokoladentröpfchen, einer großzügigen Portion Karamell und Pekannüssen.

Gebackene Bananen-Schokoladen-Donuts

Für 8 Donuts   Schwierigkeitsgrad

Für die Donuts

60 g Butter plus etwas für
   die Form
100 g Muscovadozucker
2 mittelgroße Bananen
125 ml griechischer Joghurt oder
   Buttermilch
2 Eier (Größe M)
250 g Weizenmehl
1 TL Backpulver
50 g Schokoladentröpfchen

Für das Topping

400 g Dulce de Leche (Dose;
   siehe Seite 120 für selbst
   gemachte Dulce de Leche)
1 Handvoll gehackte Pekannüsse

Außerdem

Spritzbeutel
Backform für Donuts
Kuchengitter

Vorbereiten: 10 Minuten
Backzeit: 13 Minuten
Dekorieren: 10 Minuten

Für die Donuts

Den Backofen auf 180 °C vorheizen und die Mulden der Donut-Backform einfetten. Butter und Zucker in einer Schüssel cremig schlagen. Die Bananen schälen und zerdrücken. Bananen und Joghurt zur Buttermischung geben und gut verrühren. Die Eier unterrühren. Mehl und Backpulver darübersieben und unterheben. Die Schokoladentröpfchen unterrühren (siehe Abbildung 1).

Die Masse in einen Spritzbeutel füllen (siehe Abbildung 2) und den Teig kreisförmig in die Donut-Backform spritzen (siehe Abbildung 3). 13 Minuten backen, anschließend auf einem Kuchengitter abkühlen lassen.

Für das Topping

Dulce de Leche mit einem Löffel auf den Donuts verteilen (siehe Abbildung 4), dann mit gehackten Pekannüssen bestreuen.

1. Die Schokoladentröpfchen unter die Mischung rühren.

2. Den Donut-Teig in einen Spritzbeutel füllen.

3. Den Teig kreisförmig in die Donut-Backform spritzen.

4. Dulce de Leche mit einem Löffel auf den Donuts verteilen.

LONDON FOG MILLE-FEUILLES

Für dieses Rezept habe ich mich von einem London Fog Latte inspirieren lassen, dem Getränk aus Earl-Grey-Tee und Vanilla Latte. Ich habe noch Lavendel hinzugefügt, da er gut zum Aroma des Earl Grey passt, den ich sehr gerne trinke. Als Engländerin bin ich mit Tee aufgewachsen und freue mich immer darüber, wenn er zum Einsatz kommt.

Die Blätterteigfüllung enthält Earl-Grey-Tee und Vanille und die geschlagene Sahne ist mit Lavendelextrakt aromatisiert. Ich habe den Blätterteig selbst gemacht, fertig gekaufter geht aber auch. Die oberste Teigschicht ist mit einer Glasur dekorativ verziert. Falls es Ihnen lieber ist, können Sie jedoch auch Puderzucker darüberstäuben.

London Fog Mille-feuilles

Für 6 Mille-feuilles   Schwierigkeitsgrad 🥄🥄🥄

Für den Blätterteig

250 g Weizenmehl
1 TL Salz
Saft von ¼ Zitrone
200 g Butter (am Stück)

Für die Cremefüllung

250 ml Milch
2 Earl-Grey-Teebeutel
2 Vanilleschoten
3 Eigelb
55 g feiner Zucker
2 EL Maisstärke

Für die Lavendelcreme

100 g Sahne
100 g Mascarpone
3 EL Puderzucker
½ TL Lavendelextrakt (siehe
    Bezugsadressen im Anhang)

Zum Dekorieren

125 g Puderzucker
fliederfarbene Lebensmittelfarbe
6 Lavendelzweige

Vorbereiten: 30 Minuten plus 2 Stunden Ruhezeit
Backzeit: 30 Minuten
Dekorieren: 30 Minuten

Für den Blätterteig

Mehl und Salz in eine Schüssel geben, Zitronensaft und 100 ml kaltes Wasser hinzufügen und kneten, bis ein geschmeidiger Teig entsteht. Teig zu einer Kugel formen, diese kreuzförmig bis zur Mitte der Teighöhe einschneiden (siehe Abbildung 1). Den Teig in Frischhaltefolie gewickelt etwa 1 Stunde im Kühlschrank kühlen.

Das Butterstück zwischen zwei Stücke Backpapier legen und mit einem Nudelholz zu einem flachen Quadrat flach pressen. Den Teig aus dem Kühlschrank nehmen, an den Einschnitten nach außen ziehen und ausrollen. Die Butter in der Mitte platzieren, die Teigkanten wie einen Umschlag darüberklappen und die Kanten andrücken (siehe Abbildung 2). Den Teig zu einem großen Rechteck ausrollen (siehe Abbildung 3), die Enden zur Mitte hin umklappen (siehe Abbildung 4), dann wie ein Buch zur Hälfte falten.

Den Teig um 90 Grad drehen und erneut zu einem Rechteck ausrollen. Ein Drittel des Teiges zur Mitte hin klappen (siehe Abbildung 5), dann den übrigen Teig umklappen (siehe Abbildung 6). In Frischhaltefolie wickeln und 30 Minuten kühl stellen. Diese Schritte weitere vier Mal wiederholen. Nach der letzten Kühlung den Teig erneut zu Dritteln falten, dann ist der Blätterteig fertig für die weitere Verwendung.

64

1. Den Teig kreuzförmig bis zur Mitte einschneiden.

2. Die Teigkanten über die Butter zur Mitte hin umklappen.

3. Den Teig zu einem großen Rechteck ausrollen.

4. Jede Kante des Rechtecks zur Mitte hin umklappen.

5. Ein Drittel des Teiges zur Mitte hin umklappen.

6. Das übrige Teigstück darüberklappen. In Frischhaltefolie wickeln und kühl stellen.

65

Außerdem

Nudelholz
2 Backbleche
Kuchengitter
2 Spritzbeutel
Bambus- oder Metallspieß

Den Backofen auf 200 °C vorheizen und ein Backblech mit Backpapier auslegen. Den Teig auf die Größe des Backblechs ausrollen und in 18 Rechtecke schneiden. Ein zweites Backblech zum Beschweren auf die Teigstücke legen. 20 Minuten backen, dann das Backblech umdrehen und weitere 10 Minuten backen. Beiseitestellen und abkühlen lassen.

Für die Cremefüllung und die Lavendelcreme

Die Cremefüllung wie auf Seite 83 beschrieben zubereiten, die Teebeutel und die Milch zusammen mit der Vanilleschote hinzufügen und anschließend auch zusammen entfernen. Die Zutaten für die Lavendelcreme schlagen, bis sich steife Spitzen bilden. Die Crememischungen in jeweils einen Spritzbeutel füllen.

Zum Zusammenfügen der Mille-feuilles die Lavendelcreme auf 6 Teigrechtecke aufspritzen. Weitere Rechtecke daraufsetzen, auf diese die Tee-Vanillecreme spritzen (siehe Abbildung 7). Je ein weiteres Teigrechteck auflegen.

Zum Dekorieren

Puderzucker mit 3–4 TL Wasser zu einer dickflüssigen Glasur glatt rühren. Eine kleine Menge Lebensmittelfarbe hinzufügen, bis die Masse hell fliederfarben ist. Eine kleine Portion der Glasur in eine zweite Schüssel füllen, in diese nochmals Lebensmittelfarbe hinzufügen, bis ein dunkleres Violett entsteht. Die helle Glasur auf jeden Mille-feuille streichen (siehe Abbildung 8). Die dunklere Glasur in einen Spritzbeutel füllen und linienförmig auf jedes Stück aufspritzen (siehe Abbildung 9). Mit einem Bambus- oder Metallspieß die aufgespritzten Linien federförmig auseinanderziehen (siehe Abbildung 10). Die Lavendelzweige vorsichtig waschen und trocknen, jedes Gebäckstück mit einem Zweig verzieren.

7. Auf jeder Mille-feuille eine Schicht Lavendelcreme und eine Schicht Tee-Vanillecreme aufspritzen.

8. Die helle Glasur auf den Mille-feuille aufstreichen.

9. Die dunklere Glasur linienförmig aufspritzen.

10. Die Linien mit einem Spieß federartig auseinanderziehen.

OREO MACARONS

Wenn Sie Oreos — die typischen amerikanischen Schokokekse — und französische Macarons ebenso sehr schätzen wie ich, dann kann ich Ihnen nur empfehlen, dieses Rezept auszuprobieren. Ich backe Macarons gerne selbst und ziehe sie den gekauften vor. Achten Sie darauf, die Zutaten für die Macarons akkurat abzuwiegen.

Oreo Macarons

Für 25 Macarons   Schwierigkeitsgrad 🖊️🖊️

Für die Macaronschalen

100 g Mandelmehl
210 g Puderzucker
3 EL Oreo-Kekskrümel
(Oreos auseinandernehmen
und die Keksstücke von
3–4 Kekshälften ohne die
Füllung zerbröseln)
100 g Eiweiß
½ TL Salz
50 g feiner Zucker
schwarze Lebensmittelfarbe

Für die Buttercreme

10 Oreo-Kekse
185 g Butter
30 g Puderzucker

Außerdem

Backblech
Küchenmaschine
2 Spritzbeutel

Vorbereiten: 10 Minuten
Ruhezeit: 20–60 Minuten
Backen und Zusammensetzen: 30 Minuten

Für die Macaronschalen

Das Mandelmehl mit dem Puderzucker in der Küchenmaschine fein mahlen (siehe Abbildung 1). In eine Schüssel füllen und beiseitestellen. Die Oreo-Kekshälften zu feinen Krümeln zerkleinern. Unter die Mandelmischung rühren.

Eiweiß und Salz schaumig schlagen, dann den Zucker löffelweise hinzufügen. Weiterschlagen, bis die Masse steife Spitzen bildet. Wenig schwarze Lebensmittelfarbe hinzufügen, sodass sich die Mischung grau färbt (siehe Abbildung 2). Ein Viertel der Mandelmischung darübersieben und unterheben (siehe Abbildung 3). Wiederholen, bis alle Zutaten vermengt sind. Die Masse nicht zu stark verrühren! In einen Spritzbeutel mit Tülle füllen und Tupfen auf das Backblech setzen. Mit dem Backblech mehrmals auf die Arbeitsfläche schlagen, sodass Luftbläschen entweichen. Die Macarons 20–60 Minuten ruhen lassen, bis sich ein feiner Film auf der Oberfläche bildet.

Den Backofen auf 140 °C vorheizen und ein Backblech mit Backpapier auslegen oder eine Macaron-Backmatte verwenden. Die Macarons 20 Minuten backen, dann abkühlen lassen.

Für die Buttercreme

10 ganze Oreo-Kekse zu feinen Krümeln mahlen. Butter in einer Schüssel schlagen, bis sie weich ist, dann Puderzucker und Kekskrümel unterrühren (eine kleine Menge Kekskrümel beiseitestellen). Buttercreme in einen Spritzbeutel füllen und auf eine Hälfte der Macaronschalen spritzen (siehe Abbildung 4). Mit Kekskrümeln bestreuen und eine zweite Macaronhälfte auflegen.

1. Mandelmehl und Puderzucker in der Küchenmaschine zu einem feinen Puder zermahlen.

2. Eiweiß, Salz, Zucker und eine kleine
Menge Lebensmittelfarbe zu Eischnee
schlagen, bis sich steife Spitzen bilden.

3. Jeweils ein Viertel der Mandelmischung
darübersieben, die Mischung jedoch nicht zu
stark verrühren.

4. Buttercreme auf die Hälfte der
Macaronschalen aufspritzen.

ENGLISCHE MADELEINES

Ich kann mich gut daran erinnern, dass ich als kleines Mädchen in der Schule Madeleines gegessen habe. Es ist ein traditionelles Gebäck, das immer seltener wird. Wirklich schade, denn es ist einfach köstlich. Die Madeleines ähneln den australischen Lamingtons, werden jedoch mit Konfitüre anstelle von Schokolade bestrichen. Ich habe zum Backen eine Dariole-Gebäckform verwendet. Sie können aber auch eine Cupcake-Form verwenden.

Englische Madeleines

Für 6 Madeleines   Schwierigkeitsgrad 🥄

Für den Teig

90 g Butter plus etwas für
  die Formen
110 g feiner Zucker
2 Eier (Größe M)
1 TL Vanilleextrakt (ersatzweise
  gemahlene Vanille)
100 g Weizenmehl
1 ½ TL Backpulver

Für die Glasur

4 EL Himbeerkonfitüre
90 g Kokosraspel

Außerdem

6 Dariole-Backformen
  (Becherformen)
Gabel

Vorbereiten: 10 Minuten
Backzeit: 20–25 Minuten
Dekorieren: 15 Minuten

Für den Teig

Den Backofen auf 180 °C vorheizen. Butter und Zucker in einer Schüssel hell und cremig schlagen. Eier einzeln unterrühren, dann den Vanilleextrakt hinzufügen. Mehl und Backpulver darübersieben und unterheben.

Die Dariole-Förmchen einfetten und den Boden mit Backpapier auslegen. Jedes Förmchen zur Hälfte mit der Teigmischung füllen (siehe Abbildung 1). 20–25 Minuten backen, bis die Küchlein fest und goldbraun sind (siehe Abbildung 2). Küchlein aus den Förmchen lösen und abkühlen lassen.

Die gewölbte Oberfläche abschneiden und mit der Oberseite nach unten stellen.

Für die Glasur

Die Konfitüre durch ein Sieb in einen Topf passieren. Konfitüre erhitzen und mit einem Pinsel auf jedes Küchlein streichen (siehe Abbildung 3). Die Küchlein mithilfe einer Gabel in Kokosraspeln wälzen (siehe Abbildung 4).

1. Die Förmchen zur Hälfte mit der Teigmischung füllen.

2. Die Küchlein aus den Förmchen lösen und
die Oberfläche begradigen.

3. Mit etwas Konfitüre bestreichen.

4. Die Küchlein mithilfe einer Gabel in Kokosraspeln wälzen.

Red Velvet Madeleines

Für 10 Madeleines   Schwierigkeitsgrad 🥄

60 g Butter plus etwas für
   die Form
rote Lebensmittelfarbe
5 EL feiner Zucker
50 g Weizenmehl und etwas
   für die Form
½ TL Backpulver
1 Prise Salz
2 TL Kakaopulver
1 Ei (Größe M)
2 TL Buttermilch
Puderzucker zum Bestäuben

Außerdem
Backform für Madeleines

Vorbereiten: 10 Minuten plus 1 Stunde Kühlzeit
Backzeit: 8–10 Minuten
Dekorieren: 2 Minuten

Die Butter in einem Topf zerlassen und eine kleine Menge Lebensmittelfarbe hinzugeben. Zucker, 30 g Mehl, Backpulver, Salz und Kakaopulver in einer Schüssel vermischen. Die geschmolzene Butter und das Ei unterrühren. Dann die Buttermilch und das übrige Mehl unterrühren. Mit Frischhaltefolie abdecken und mindestens 1 Stunde kühlen.

Die Madeleine-Backform mit zerlassener Butter einstreichen und etwas Mehl darüberstreuen. Überschüssiges Mehl durch Klopfen der Backform entfernen, Backform kalt stellen.

Den Backofen auf 180 °C vorheizen.

Die Mulden der Backform zu drei Vierteln mit Teig füllen. 8–10 Minuten backen, anschließend abkühlen lassen. Mit Puderzucker bestäuben.

CROQUEMBOUCHE

Croquembouche bedeutet „kracht im Mund". Er sieht
einfach appetitanregend aus. Ich hatte schon lange vor,
einen Croquembouche zu backen, und eines Tages war es
soweit. Das Ergebnis war wunderschön. Jetzt weiß ich,
warum Croquembouche bei den Franzosen traditionell als
Hochzeitskuchen serviert wird. Ich habe ihn mit Blüten
verziert, üblicherweise werden jedoch Karamellfäden
verwendet. Ein Croquembouche ist nicht so schwierig, wie er
aussieht, aber ein wenig aufwendig ist er schon.

Croquembouche

Für 8–10 Personen Schwierigkeitsgrad 🍥🍥🍥

Für die verzuckerten Blüten
verschiedene essbare Blüten,
    z. B. Primeln oder Veilchen
55 g feiner Zucker
55 g Eiweiß (etwa 1 Eiweiß)

Für den Brandteig
185 g Weizenmehl
2 EL feiner Zucker
¼ TL Salz
125 g Butter
4 Eier (Größe M)

Für die Cremefüllung
250 ml Milch
1 Vanilleschote
3 Eigelb
55 g feiner Zucker
1 EL Maisstärke
1 EL Vanillepuddingpulver
    (ersatzweise etwas mehr
    Maisstärke)

Für das Karamell
220 g feiner Zucker

Vorbereiten: 20 Minuten
Backzeit: 30–45 Minuten
Fertigstellen: 50 Minuten

Für die verzuckerten Blüten
Die Blüten waschen und vorsichtig trocken tupfen. Den Zucker in eine Schale füllen. Mithilfe eines kleinen Pinsels jede Blüte mit etwas Eiweiß bestreichen und in den Zucker tauchen. Auf einem Kuchengitter über Nacht fest werden lassen.

Für den Brandteig
Den Backofen auf 190 °C vorheizen und zwei Backbleche mit Backpapier auslegen. Mehl, Zucker und Salz in einer Schüssel mischen. Butter und 250 ml Wasser in einem Topf erhitzen und die Butter unter Rühren zerlassen. Vom Herd nehmen und die trockenen Zutaten rasch unter Rühren hinzufügen. Mit einem Holzlöffel den Teig zu einem Kloß rühren, der sich von den Seiten des Topfes löst. Den Topf wieder auf den Herd stellen und weitere 1–2 Minuten rühren.

Den Teig in die Rührschüssel der Küchenmaschine geben und rund 5 Minuten abkühlen lassen. In einer weiteren Schüssel die Eier verquirlen. Rührwerk anschalten, die Eier langsam zum Teig geben. Zunächst scheint es, als ob die Eier sich nicht mit dem Teig verbinden, doch mit etwas Geduld entsteht ein glänzend-pastöser Teig.

Den Brandteig in einen Spritzbeutel mit Rundtülle füllen (siehe Abbildung 1) und kleine Teighäufchen mit jeweils etwas Abstand zueinander auf das Backblech spritzen (siehe Abbildung 2). Mit einem mit Wasser befeuchteten Finger die Spitzen der Teighäufchen glätten (siehe Abbildung 3).

1. Den Brandteig in einen Spritzbeutel füllen.

2. Kleine Teighäufchen auf das Backblech spritzen.

3. Mit einem befeuchteten Finger die Spitzen der Teighäufchen glätten.

4. Mit einem Messer oder Spieß ein Loch in jeder Teigling stechen, anschließend weiterbacken.

5. Die Teiglinge mit Cremefüllung füllen.

6. Die Topfseiten abstreichen, damit der Zucker nicht anbrennt.

7. Die gefüllten Brandteigstücke in heißes Karamell tauchen.

8. Zum Zusammensetzen des Croquembouches die Teigstücke kreisförmig arrangieren und kegelförmig aufbauen.

Außerdem
kleiner Pinsel
Kuchengitter
2 Backbleche
Küchenmaschine
2 Spritzbeutel
Backpinsel
Zuckerthermometer (optional)
2 Gabeln

Ofentemperatur auf 180 °C reduzieren und die Teiglinge 25–35 Minuten goldbraun backen. Aus dem Ofen nehmen und mit einem Messer oder Spieß eine Öffnung in jedes Stück stechen (siehe Abbildung 4). Ofentemperatur auf 160 °C reduzieren und die Teigstücke weitere 5–10 Minuten im Ofen trocknen.

Für die Cremefüllung

Eine Schüssel auf ein Eiswasserbad setzen. Die Milch in einem Topf bei geringer Hitze erwärmen. Vanilleschote längs aufschneiden und das Mark herauskratzen, Mark und Schote zur Milch hinzufügen. Eigelbe, Zucker, Maisstärke und Puddingpulver in einer Schüssel verrühren.

Die Hitze erhöhen und die Milch zum Kochen bringen. Vanilleschote entfernen und die heiße Milch unter die Eiermischung rühren. Die Mischung in den Topf zurückgeben und bei geringer Hitze unter gleichmäßigem Rühren eindicken lassen. Durch ein Sieb in die Schüssel über dem Eiswasserbad passieren. Mit Frischhaltefolie abdecken, sodass die Folie die Creme bedeckt und sich keine Haut bilden kann. Vollständig auskühlen lassen. Die abgekühlte Creme in einen Spritzbeutel füllen und jedes Teigstück damit füllen (siehe Abbildung 5).

Für das Karamell

Das Spülbecken als Vorbereitung für den Topf mit kaltem Wasser füllen. Zucker und 1 TL Wasser in einem Topf mit dickem Boden bei geringer Hitze erhitzen und den Zucker unter Rühren schmelzen. Zuckerkristalle vom Topfrand mit einem mit Wasser befeuchteten Backpinsel zurück in den Sirup streichen (siehe Abbildung 6). Fortfahren, bis die Mischung goldbraun wird. Die Mischung ist fertig, wenn sich daraus in einer Tasse mit kaltem Wasser eine feste Kugel bildet. Alternativ sollte ein Zuckerthermometer 123 °C anzeigen.

Wenn das Karamell fertig ist, den Topf in das Becken mit kaltem Wasser stellen. Die einzelnen Brandteigstücke in das Karamell tauchen (siehe Abbildung 7) und den Croquembouche zusammensetzen. Mit einem Kreis aus Teigstücken beginnen und diese kegelförmig aufbauen (siehe Abbildung 8).

Mithilfe von zwei in Karamell getauchten Gabeln die Karamellfäden formen und die Zuckerfäden um die Teigstücke wickeln. Falls nötig, das Karamell erneut erwärmen. Mit den verzuckerten Blüten verzieren.

HEIDELBEER-LAVENDEL-RELIGIEUSE

Ein Besuch in einem im Pariser Stil gehaltenen Café im Londoner Covent Garden inspirierte mich zu diesen Religieuse. Das Café ist eine Dependance der Pâtisserie Ladurée in Paris, die für ihre Macarons bekannt sind. Ich habe den Teig mit einer Mischung aus Sahne und Heidelbeersirup gefüllt, anstelle der traditionellen Cremefüllung.

Heidelbeer-Lavendel-Religieuse

Für 6 Gebäckstücke   Schwierigkeitsgrad 🥄🥄

Für den Brandteig

185 g Weizenmehl

2 EL feiner Zucker

¼ TL Salz

125 g Butter

4 Eier (Größe M)

Für die Cremefüllung

250 g Sahne

250 g Mascarpone

30 g Puderzucker

150 g Heidelbeeren plus einige
zum Verzieren

55 g feiner Zucker

½ TL Lavendelextrakt (siehe
Bezugsadressen im Anhang)

Zum Dekorieren

150 g violettes Fondant

60 g Puderzucker

6 Lavendelzweige

Außerdem

2 Backbleche

Küchenmaschine

2 Spritzbeutel

Nudelholz

Vorbereiten: 20 Minuten

Backzeit: 35–45 Minuten

Dekorieren: 25 Minuten

Für den Brandteig

6 kleine und 6 größere Brandteigstücke (siehe Abbildung 1) backen, wie auf Seite 80–83 beschrieben.

Für die Cremefüllung

Sahne und Mascarpone mit dem Puderzucker steif schlagen. Heidelbeeren, Zucker und Lavendelextrakt erhitzen, bis die Heidelbeeren zerfallen. Im Mixer pürieren, durch ein Sieb passieren und unter die Sahne-Mascarpone-Creme rühren. Die Teigstücke mit der Füllung füllen, dabei eine kleine Menge Cremefüllung zum Zusammensetzen des Gebäcks beiseitestellen.

Dekorieren

Den Fondant ausrollen und kleine Kreise als Topping für jedes Gebäckstück ausstechen (siehe Abbildung 2). Einen Tupfen Sahnefüllung auf jedes der größeren Stücke spritzen, dann ein kleineres Stück auflegen (siehe Abbildung 3).

Puderzucker mit 2 TL Wasser verrühren und die weiße Glasur linienförmig auf die kleineren Stücke aufspritzen. Die Lavendelzweige vorsichtig waschen und trocknen. Jedes Gebäckstück mit einer Heidelbeere und Lavendel verzieren (siehe Abbildung 4).

1. 6 kleine und 6 größere Brandteigstücke backen.

2. Aus Fondant Kreise als Topping für jedes Gebäckstück ausstechen.

3. Einen Tupfen Cremefüllung auf jedes der größeren Stücke spritzen, dann ein kleineres Stück auflegen.

4. Weiße Glasur linienförmig auf die kleineren Stücke aufspritzen. Mit einer Heidelbeere und Lavendel verzieren.

VEILCHEN-ZITRONEN-ECLAIRS

Dieses Gebäck habe ich in einer Vintage-Backform gebacken, die ich im Internet entdeckt habe. Ich liebe diese Vintage-Backformen und stelle mir ihre Geschichte und die Küchen vor, in denen sie bereits zum Einsatz kamen. Meine Mutter und meine Großmutter haben die Veilchen auf einem Hundespaziergang für mich gepflückt.

Veilchen-Zitronen-Eclairs

Für 12 Eclairs   Schwierigkeitsgrad 🥄🥄

Für die verzuckerten Veilchen
24 Veilchen
55 g feiner Zucker
1 Eiweiß

Für den Brandteig
185 g Weizenmehl
2 EL feiner Zucker
¼ TL Salz
125 g Butter
4 Eier (Größe M)

Für die Cremefüllung
125 g Sahne
125 g Mascarpone
abgeriebene Schale von
   ½ Bio-Zitrone
2 EL Zitronensaft
3 EL Puderzucker

Für die Glasur
125 g Puderzucker
violette Lebensmittelfarbe

Außerdem
kleiner Pinsel
Kuchengitter
2 Spritzbeutel
Backblech
Backform für Eclairs (optional)

Vorbereiten: Blüten: 10 Minuten plus Aushärten über Nacht, Eclairs: 20 Minuten
Backzeit: 35–45 Minuten
Dekorieren: 10 Minuten

Für die verzuckerten Veilchen
Die Blüten waschen und vorsichtig trocken tupfen. Den Zucker in eine kleine Schale füllen. Mithilfe eines kleinen Pinsels etwas Eiweiß auf jede Blüte streichen, diese dann in den Zucker tauchen. Auf einem Kuchengitter über Nacht aushärten lassen.

Für den Brandteig
Die Eclairs wie auf Seite 80–83 beschrieben backen. In jede Mulde der Eclair-Backform oder auf ein Backblech 13 cm lange Teigstreifen spritzen (siehe Abbildung 1).

Für die Cremefüllung
Sahne und Mascarpone schlagen, bis sich Spitzen bilden. Zitronenschale, Zitronensaft und Puderzucker hinzufügen und weiterschlagen, bis sich steife Spitzen bilden. Die Eclairs mit der Creme füllen (siehe Abbildung 2).

Für die Glasur
Zum Verzieren der Eclairs den Puderzucker mit 3–4 TL Wasser verrühren. Lebensmittelfarbe in jeweils kleinen Mengen hinzugeben, bis der gewünschte Farbton erreicht ist (siehe Abbildung 3). Die Glasur auf die Eclairs streichen (siehe Abbildung 4) oder diese in die Glasur tauchen. Mit jeweils 2 verzuckerten Veilchen verzieren.

90

1. In die Mulden der Eclair-Backform oder auf ein Backblech 13 cm lange Teigstreifen spritzen.

2. Mithilfe des Spritzbeutels die Creme einfüllen.

3. Puderzucker mit Wasser verrühren. Lebensmittelfarbe in kleiner Menge hinzugeben, bis der gewünschte Farbton erreicht ist.

4. Die Glasur auf die Eclairs aufstreichen.

3. Kekse und Konfekt

Heidelbeer-makronen

Für 10–12 Kekse   Schwierigkeitsgrad ✎

Für die Makronen

40 g Heidelbeeren
75 g feiner Zucker plus 2 EL für
  die Heidelbeersauce
200 g Kokosraspel oder
  150 g Kokosraspel und 50 g
  Mandelblättchen
1 Prise Salz
3 Eiweiß
1 TL Mandelextrakt (siehe
  Bezugsadressen im Anhang)
Kokosraspel und Mandel-
  blättchen zum Bestreuen

Für die Konfitüre

5 Pfirsiche
220 g Zucker

Außerdem

Backblech
Küchenmaschine
Standmixer

Vorbereiten: 10 Minuten
Backzeit: 25 Minuten
Dekorieren: 10 Minuten

Für die Krapfen

Den Backofen auf 180 °C vorheizen und ein Backblech mit Backpapier auslegen. Die Heidelbeeren mit 1 EL Wasser und 2 EL Zucker in einem Topf köcheln lassen, bis die Masse eindickt. Durch ein Sieb passieren und abkühlen lassen.

Kokosraspel und evtl. Mandeln in der Küchenmaschine zerkleinern. Den übrigen Zucker sowie Salz, Eiweiße und Mandelextrakt dazugeben und verrühren. Für den Marmoreffekt die Hälfte der Mischung entnehmen, Heidelbeersauce unterrühren und diese Masse unter die übrige Mischung ziehen. Alternativ können Sie auch einfach beides miteinander zu einem einheitlichen Farbton verrühren.

Aus dem Teig kleine Kugeln formen. Mit dem Daumen mittig eine Mulde eindrücken. Kokosraspel und Mandelblättchen aufstreuen. 25 Minuten backen, anschließend abkühlen lassen.

Für die Konfitüre

Die Pfirsiche schälen, klein schneiden und im Mixer pürieren. Das Pfirsichpüree mit dem Zucker in einem Topf etwa 10 Minuten bei geringer bis mittlerer Hitze köcheln lassen, um die Masse zu reduzieren und einzudicken. Mithilfe eines Löffels etwas Konfitüre auf jeder Makrone verteilen.

LEBKUCHEN IN PILZFORM

Ich liebe Lebkuchen — nur leider kann ich als Engländerin den Namen nicht aussprechen. Die beliebten deutschen Lebkuchen gibt es vor allem zur Weihnachtszeit zu kaufen. Ich fand es ganz amüsant, sie in Pilzform zu backen, ideal für eine Party mit einem Wald-Motto. Eigentlich sollten die Lebkuchen einen Schwarzwälder-Kirsch-Kuchen krönen, aber bevor es dazu kam, hatte ich alle aufgegessen.

Lebkuchen in Pilzform

Für 12 Kekse   Schwierigkeitsgrad ✎

Für die Kekse

1 Ei (Größe M)

1 Eigelb

220 g feiner Zucker

200 g Weizenmehl plus etwas
für die Arbeitsfläche

125 g Mandelmehl

2 EL Kakaopulver

1 EL Zimt

½ EL gemahlener Kardamom

½ EL gemahlener Ingwer

¼ EL gemahlene Nelken

¼ EL frisch geriebene
Muskatnuss

4 EL Zitronat

Zum Dekorieren

400 g Puderzucker

100 g Zartbitterschokolade
(mind. 70 % Kakaogehalt)

Kakaopulver zum Bestäuben

Außerdem

2 Backbleche

Kuchengitter

Pinsel

Vorbereiten: 10 Minuten plus 20 Minuten Kühlzeit

Backzeit: 15–20 Minuten

Dekorieren: 30 Minuten

Für die Kekse

Die Backbleche mit Backpapier auslegen. Ei, Eigelb und Zucker in einer Schüssel über dem heißen Wasserbad dick und schaumig schlagen. Vom Herd nehmen und weitere 2 Minuten schlagen. Mehl, Mandelmehl, Kakaopulver und Gewürze unterrühren, dann das Zitronat unterheben. Teig zu einer Kugel formen, in Folie wickeln und 20 Minuten kühl stellen.

Den Backofen auf 180 °C vorheizen. Arbeitsfläche mit Mehl bestäuben und den Teig halbieren (siehe Abbildung 1). Eine Hälfte zu kleinen Kugeln für die Pilzkappen rollen. Die andere Teighälfte zu Stängeln formen (siehe Abbildung 2). Die Teile in verschiedenen Größen anfertigen. 15–20 Minuten backen, dann auf einem Kuchengitter abkühlen lassen.

Zum Dekorieren

Einige Tropfen Wasser mit einem Viertel des Puderzuckers zu einer dicken Paste verrühren. Eine kleine Menge der Glasur oben auf die Stängel geben, diese zum Fixieren an die Pilzkappen drücken, anschließend trocknen lassen (siehe Abbildung 3).

Eine kleine Menge Puderzucker zum Bestäuben beiseitestellen. Den übrigen Zucker mit je 1 TL Wasser zu einer Glasur verrühren. Die Pilze in die Glasur tauchen und anschließend trocknen lassen (siehe Abbildung 4).

Die Pilze mit etwas Puderzucker und Kakao bestäuben. Die Schokolade hacken, in der Mikrowelle oder über dem heißen Wasserbad schmelzen. Mithilfe eines Pinsels Schokolade auf die Unterseite der Pilzkappen streichen.

1. Auf einer bemehlten Arbeitsfläche den Teig halbieren.

2. Pilzkappen und Stängel in verschiedenen Größen formen und diese auf einem mit Backpapier ausgelegten Backblech backen.

3. Ein wenig Glasur auf die Oberseite der Stängel geben und diese an die Pilzkappen drücken. Trocknen lassen.

4. Den gesamten Pilz in die Glasurmasse tauchen, anschließend trocknen lassen.

BROWNIE-KEKSE MIT BOUNTY-FÜLLUNG

Diese Kekse sind einfach köstlich. Die Füllung schmeckt wie ein Bounty-Schokoriegel und der Keks wie ein Brownie. Um sie noch verführerischer zu machen, habe ich sie mit Schokolade überzogen. Wenn Sie Bounty und Brownies mögen, werden Sie diese Kekse lieben.

Brownie-Kekse mit Bounty-Füllung

Für 9 Kekse   Schwierigkeitsgrad ✏

Für die Kekse

175 g Zartbitterschokolade
    (mind. 70 % Kakaogehalt)
60 g Butter
2 Eier (Größe M)
150 g feiner Zucker
3 TL Vanilleextrakt (ersatzweise
    gemahlene Vanille)
185 g Weizenmehl
½ EL Backpulver
4 EL Kakaopulver

Für die Füllung und das Topping

90 g Kokosraspel plus etwas
    zum Bestreuen
30 g Puderzucker
200 g gesüßte Kondensmilch
200 g Schokolade zum
    Eintauchen der Kekse

Außerdem

2 Backbleche

Vorbereiten: 20 Minuten plus mindestens 2 Stunden Kühlzeit oder über Nacht
Backzeit: 12–15 Minuten
Dekorieren: 20 Minuten

Für die Kekse

Die Schokolade hacken, mit der Butter in der Mikrowelle oder über dem heißen Wasserbad zerlassen. Beiseitestellen und abkühlen lassen.

Eier und Zucker in einer Schüssel cremig schlagen. Abgekühlte Schokolade und Vanilleextrakt unterrühren, Mehl und Backpulver darübersieben und gut verrühren. Die Mischung sollte eine Textur wie ein fester Backteig haben. Mit Folie abdecken und mindestens 2 Stunden oder über Nacht kühlen.

Den Backofen auf 160 °C vorheizen und zwei Backbleche mit Backpapier auslegen. Die Keksmischung sollte inzwischen etwa die Konsistenz von Schokotrüffeln haben. Jeweils eine kleine Menge zu einer Kugel formen. Insgesamt 18 Kugeln rollen, in Kakaopulver wälzen und auf die Backbleche setzen. Die Kugeln 10 Minuten kühl stellen. 12–15 Minuten backen, bis die Kekse von außen fest und innen weich sind.

Für die Füllung und das Topping

Kokosraspel und Puderzucker in eine Schüssel geben und nach und nach die Kondensmilch unterrühren, bis die Zutaten zu Kugeln geformt werden können. Die Mischung mithilfe eines Löffels auf die flache Seite der Kekse streichen (siehe Abbildung 1). Einen zweiten Keks auflegen und beiseitestellen (siehe Abbildung 2). Die Schokolade schmelzen und die Kekse zur Hälfte darin eintauchen (siehe Abbildung 3). Kokosraspel daraufstreuen (siehe Abbildung 4) und die Schokolade fest werden lassen.

1. Kondensmilch unterrühren, bis die Masse zu Kugeln geformt werden kann. Die Mischung mithilfe eines Löffels auf die flache Seite der Kekse streichen.

2. Wie bei einem Sandwich einen zweiten Keks auflegen.

3. Schokolade schmelzen und die Kekse zur Hälfte darin eintauchen.

4. Kokosraspel fein daraufstreuen und die Schokolade fest werden lassen.

Nussige Müsli-Kugeln

Für 12–15 Kugeln   Schwierigkeitsgrad

50 g Erdnüsse
130 g Granola-Müsli
25 g Haferflocken
3 EL Sonnenblumenkerne
40 g getrocknete Cranberrys
   oder andere Trockenfrüchte
90 g Erdnussbutter
4 EL flüssiger Honig, eventuell
   etwas mehr

Außerdem
Standmixer

Vorbereiten: 10 Minuten
Backzeit: 12 Minuten

Den Backofen auf 180 °C vorheizen und ein Backblech mit Back-papier auslegen. Die Erdnüsse im Mixer hacken. In einer Schüs-sel Müsli, Haferflocken, Sonnenblumenkerne, Cranberrys und die gehackten Erdnüsse vermengen. Erdnussbutter und Honig unterrühren. Falls nötig, etwas mehr Honig dazugeben, damit sich die Masse verbindet.

Die Mischung zu kleinen Kugeln rollen und auf ein Backblech setzen. Die Kugeln 6 Minuten von jeder Seite backen.

TÜRKISCHES SHORTBREAD MIT SIRUP

Diese Kekse sind kinderleicht zu backen und schmecken einfach himmlisch. Sie werden in Zitronen-Rosenwasser-Sirup getränkt, das verleiht ihnen eine weiche, aber dennoch knusprige Konsistenz.

Türkisches Shortbread mit Sirup

Für 12 Kekse   Schwierigkeitsgrad 🖊

Für das Shortbread

125 g Butter

85 g Puderzucker

1 Ei (Größe M)

1 TL Vanilleextrakt (ersatzweise
   gemahlene Vanille)

250 g Mehl

50 g Grieß

1 TL Backpulver

1 Prise Salz

12 ungeschälte Mandeln

Für den Sirup

110 g feiner Zucker

Saft von ½ Zitrone

1 TL Rosenwasser

Außerdem

Backblech

Vorbereiten: 15 Minuten
Backzeit: 25 Minuten
Einweichen: 10 Minuten

Für das Shortbread

Den Backofen auf 180 °C vorheizen und ein Backblech mit Backpapier auslegen. Butter, Puderzucker, Ei und Vanilleextrakt cremig schlagen (siehe Abbildung 1). Mehl, Grieß, Backpulver und Salz darübersieben und zu einem weichen Teig verrühren. Zu Kugeln formen und auf ein Backblech setzen (siehe Abbildung 2). Jeweils eine Mandel auf die Oberfläche drücken und 25 Minuten backen (siehe Abbildung 3).

Für den Sirup

Während das Shortbread im Ofen backt, die Zutaten für den Sirup mit 80 ml Wasser in einem Topf zum Kochen bringen, dann die Hitze reduzieren und weitere 5 Minuten köcheln lassen.

Sobald das Shortbread aus dem Ofen kommt, dieses mit 3 EL Sirup beträufeln, überschüssigen Sirup abfließen lassen (siehe Abbildung 4). Das Shortbread kann sofort verzehrt werden, in einem luftdichten Behälter hält es sich aber auch einige Tage.

1. Butter, Puderzucker, Ei und Vanilleextrakt cremig schlagen.

2. Den Teig zu Kugeln formen.

3. Auf jede Kugel eine Mandel drücken.

4. Shortbread mit 3 EL Sirup beträufeln, überschüssigen Sirup abfließen lassen.

ALFAJORES MIT DULCE DE LECHE

Die in Südamerika beliebten Alfajores bestehen aus zwei dünnen Teigschichten und einer Dulce-de-Leche-Füllung. Als perfektes Finish habe ich sie noch mit Kokosraspeln verfeinert. Sie schmecken wirklich gut, und da viel Butter enthalten ist, haben sie eine Konsistenz, die an Shortbread erinnert.

Alfajores mit Dulce de Leche

Für 15 Stück   Schwierigkeitsgrad ⸜

Für den Teig
250 g Weizenmehl plus etwas
    für die Arbeitsfläche
250 g Butter
30 g Puderzucker plus etwas
    zum Bestreuen
1 TL Salz

Zum Zusammensetzen
400 g Dulce de Leche (Dose;
    siehe auch Seite 120 für selbst
    gemachte Dulce de Leche)
¼ TL Zimt
¼ TL gemahlene Nelken
¼ TL frisch geriebene
    Muskatnuss
Kokosraspel (optional)

Außerdem
Küchenmaschine
2 Backbleche
Nudelholz
runder Keksausstecher (ø 8 cm)

Vorbereiten: Teig: 10 Minuten plus 1–2 Stunden Kühlzeit, Füllung: 5 Minuten
Backzeit: 10–12 Minuten
Zusammensetzen: 10 Minuten

Für den Teig
Die Teigzutaten in der Küchenmaschine zu einem glatten Teig verrühren. In Frischhaltefolie wickeln und 1–2 Stunden kühl stellen.

Den Backofen auf 180 °C vorheizen und die Backbleche mit Backpapier auslegen. Die Arbeitsfläche mit Mehl bestäuben und den Teig ausrollen (siehe Abbildung 1). Wie bei Abbildung 2 gezeigt, 8 cm große Kreise ausstechen (die Teigmenge ergibt etwa 30 Kreise), diese auf ein Backblech geben. Kühl stellen, während der Ofen vorheizt. 10–12 Minuten backen, dann abkühlen lassen.

Zum Zusammensetzen
Die Teigkreise mit Puderzucker bestäuben (siehe Abbildung 3). Die Gewürze unter die Dulce de Leche rühren und jeweils eine kleine Menge auf eine Kekshälfte streichen. Eine weitere Kekshälfte auflegen. Eventuell die Keksränder in Kokosraspeln wälzen (siehe Abbildung 4).

1. Arbeitsfläche mit Mehl bestäuben und den Teig ausrollen.

2. Kreise aus dem Teig ausstechen.

3. Die Teigkreise mit Puderzucker bestäuben.

4. Dulce de Leche auf eine Kekshälfte streichen, eine weitere Kekshälfte auflegen. Falls gewünscht, die Alfajores an den Rändern in Kokosraspeln wälzen.

MANDEL-ORANGEN-KÜCHLEIN

Damit diese kleinen Kuchen wirklich hübsch anzusehen sind, habe ich sie mit Mandeln bedeckt. Zunächst habe ich jedoch das Innere herausgeschnitten und den Kuchen mit süßer Mascarpone gefüllt. Der Biskuitteig wurde mit Orangen und Mandeln aromatisiert.

Mandel-Orangen-Küchlein

Für 6 Kuchen   Schwierigkeitsgrad 🥄

Für die Küchlein
125 g Butter
110 g feiner Zucker
2 Eier (Größe M)
abgeriebene Schale von
  ½ Bio-Orange plus etwas Saft
1 TL Mandelextrakt (siehe
  Bezugsadressen im Anhang)
75 g Weizenmehl
35 g Mandelmehl
1 TL Backpulver

Für die Glasur
185 g Mascarpone
90 g Puderzucker
100 g Mandelblättchen zum
  Verzieren

Außerdem
6 Dariole-Formen (Becherformen)
Apfelausstecher

Vorbereiten: 10 Minuten
Backzeit: 25 Minuten
Dekorieren: 30 Minuten

Für die Küchlein
Den Backofen auf 180 °C vorheizen. Die Dariole- oder andere Backformen einfetten und den Boden mit Backpapier auslegen. Butter und Zucker in einer Schüssel cremig schlagen. Eier einzeln unterrühren, dann Orangenschale, Orangensaft und Mandelextrakt hinzufügen. Mehl, Mandelmehl und Backpulver darübersieben und unterheben.

Die Backformen zu etwa drei Vierteln mit Teig füllen. 25 Minuten backen, dann abkühlen lassen.

Für die Glasur
Mascarpone und Puderzucker glatt rühren (siehe Abbildung 1). Die Oberseite der Küchlein wie einen Deckel abschneiden. Mithilfe des Apfelausstechers das Innere der Küchlein entfernen (siehe Abbildung 2). Die Küchlein mit einem Löffel Mascarpone füllen (siehe Abbildung 3) und den entfernten Teigdeckel wieder aufsetzen.

Die Außenseite der Küchlein mit der Mascarponemasse bestreichen, anschließend mit Mandelblättchen verzieren (siehe Abbildung 4).

1. Mascarpone und Puderzucker cremig glatt rühren.

2. Mithilfe des Apfelausstechers das Innere der Kuchen entfernen.

3. Jedes Küchlein mit Mascarponecreme füllen.

4. Mit Mascarponecreme bestreichen und mit Mandelblättchen verzieren.

BREZEL-KARAMELL-SCHNITTEN

Diese Riegel sind so einfach zu backen und sie schmecken toll – mit einer Schicht aus Erdnüssen, Kekskrümeln sowie Brezeln und salzigem Karamell obenauf. Bei mir zu Hause sind sie meist rasch verputzt, denn alle lieben sie. Damit es schneller geht, habe ich fertige Dulce de Leche verwendet. Wenn Sie jedoch ausreichend Zeit haben, schmeckt das Gebäck mit selbst gemachter gleich noch mal so gut.

Brezel-Karamell-Schnitten

Für 12 Stück   Schwierigkeitsgrad ✏

Für den Boden

50 g Erdnüsse
160 g kleine Salzbrezeln
8 einfache Kekse
55 g feiner Zucker
90 g Butter
3 gehäufte EL Erdnussbutter

Für das Topping

400 g gesüßte Kondensmilch
   oder Dulce de Leche aus der
   Dose (siehe Seite 120 für selbst
   gemachte Dulce de Leche)
Meersalz zum Bestreuen
12 kleine Salzbrezeln zum
   Verzieren

Außerdem

Backform (20 x 30 cm)
Standmixer

Vorbereiten: 10 Minuten plus weitere Vorbereitungszeit mit selbst gemachter Dulce de Leche
Backzeit: 10 Minuten
Fertigstellen: 10 Minuten
Ruhezeit: 2 Stunden

Für den Boden

Den Backofen auf 180 °C vorheizen und die Backform mit Backpapier auslegen. Für den Boden Erdnüsse, Brezeln und Kekse im Mixer zerkleinern. Den Zucker hinzufügen. Die Butter zerlassen und mit der Erdnussbutter unter die Mischung rühren.

Die Mischung in die Backform drücken (siehe Abbildung 1), auf mittlerer Schiene im Ofen 10 Minuten backen, anschließend abkühlen lassen.

Für das Topping

Für die Dulce de Leche den Backofen auf 200 °C vorheizen. Die Kondensmilch in eine ofenfeste Glas- oder eine Keramikform geben, diese dann in eine größere Form stellen (eine Metallform ist in Ordnung). Die untere Form etwa bis auf halbe Höhe des Glases mit kochendem Wasser füllen und 1 Stunde 40 Minuten in den heißen Ofen geben. Nach dem Abkühlen die Masse durchmischen, sie ist dann fertig zur weiteren Verwendung.

Dulce de Leche auf den Boden streichen (siehe Abbildung 3) und mit Meersalz bestreuen. Ganze Brezeln gleichmäßig darauf verteilen (siehe Abbildung 4). Die Dulce de Leche fest werden lassen, dann in Stücke schneiden.

1. Die Brezelmischung in die Backform geben und andrücken.

2. Die Dulce de Leche zubereiten.

3. Dulce de Leche auf den gebackenen und abgekühlten Brezelboden geben.

4. Zum Verzieren die Brezeln gleichmäßig auf dem Boden verteilen.

Blüten-Lollipops

Für 10 Lollipops   Schwierigkeitsgrad ✒

verschiedene essbare Blüten,
z. B. Veilchen oder Primeln
80 ml Glukosesirup (siehe
Bezugsadressen im Anhang)
220 g feiner Zucker
1 TL Pfefferminzextrakt (siehe
Bezugsadressen im Anhang)

Außerdem
Backblech
Backpinsel
Zuckerthermometer
10 Lolli-Stiele

Vorbereiten: 10 Minuten
Backzeit: 10 Minuten
Kühlen: 10 Minuten

Das Backblech mit Backpapier auslegen. Die Stängel von den essbaren Blüten entfernen. Vorsichtig waschen und an der Luft trocknen lassen. Eine Schüssel mit kaltem Wasser füllen, um später den Topf darin abzukühlen.

Die übrigen Zutaten mit 125 ml Wasser in einem Topf erhitzen, dabei rühren, bis sich der Zucker aufgelöst hat. Zuckerkristalle von den Seiten des Topfes mit einem befeuchteten Backpinsel in den Sirup streichen. Das Zuckerthermometer hineingeben und den Sirup ohne Rühren auf 140 °C erhitzen.

Ist die Temperatur erreicht, sofort vom Herd nehmen und den Topfboden in eine Schüssel mit kaltem Wasser stellen, bis die Temperatur auf 130 °C reduziert ist.

Den Sirup mithilfe eines Esslöffels kreisförmig auf das Backblech geben. Einen Lolli-Stiel und eine Blüte auflegen, dann den Kreis mit einer weiteren Schicht Sirup bedecken. Anschließend aushärten lassen.

STREIFEN-BAISERS

Diese Baisers sind besonders hübsch im Winter, weil sie an weihnachtliche Zuckerstangen erinnern. Ich wende eine Technik an, bei der die Mischung sehr dick und glänzend ist und backe die Baisers so, dass sie in der Mitte noch schön weich sind — dann schmecken sie einfach besser, finde ich. Das Rezept ist leicht zu merken: Das Eiweiß abwiegen und die doppelte Menge Zucker verwenden.

Streifenbaisers

Für 30 Baisers   Schwierigkeitsgrad

300 g feiner Zucker
150 g Eiweiß (etwa 3 Eiweiß)
rote Lebensmittelfarbe

Außerdem
Küchenmaschine mit
   Schneebeseneinsatz
Spritzbeutel
Glaskrug
Pinsel
Backblech

Vorbereiten: 15 Minuten
Backzeit: 40 Minuten

Den Backofen auf 180 °C vorheizen, das Backblech mit Backpapier auslegen und den Zucker darauf verteilen. Das Backblech zum Erhitzen des Zuckers in den Ofen schieben.

Die Eiweiße mit dem Schneebesen der Küchenmaschine schlagen, bis die Masse ihre Transparenz verliert und sich steife Spitzen bilden (siehe Abbildung 2). Nach etwa 5 Minuten, wenn sich die Ränder des Zuckers im Ofen goldbraun färben, Blech herausnehmen und die Ofentemperatur auf 100 °C reduzieren.

Den warmen Zucker löffelweise zum Eiweiß geben und auf hoher Stufe etwa 10 Minuten schlagen, bis die Masse dick und glänzend ist.

Den Spritzbeutel in einen Glaskrug oder etwas Vergleichbares stellen und die Öffnung nach außen über das Glas falten. Lebensmittelfarbe mit einem Pinsel (siehe Abbildung 3) streifenförmig auf die Innenseite des Spritzbeutels auftragen (ich habe Gel-Lebensmittelfarbe verwendet und diese mit einem Tropfen Wasser vermischt). Die Baisermasse vorsichtig in den Spritzbeutel füllen.

Mittelgroße Baisertupfen auf das Backblech spritzen (siehe Abbildung 4). 40 Minuten backen, bis sich das Baiser vom Backblech löst, ohne dass die Unterseite zerbricht. Anschließend abkühlen lassen.

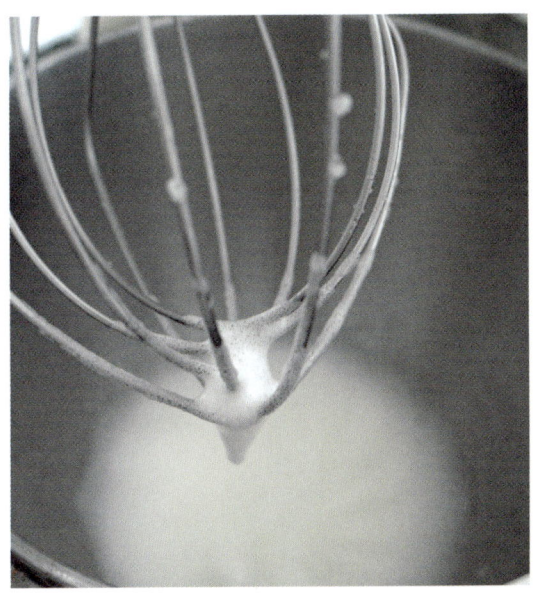

1. Die Eiweiße mit dem Schneebesereinsatz schlagen.

2. Der Eischnee hat die richtige Konsistenz, wenn sich steife Spitzen bilden.

3. Mit Lebensmittelfarbe 4 Streifen auf die Innenseite des Spritzbeutels auftragen, um den Streifeneffekt der Baisers zu erzielen.

4. Kleine Baisertupfen auf das Backblech spritzen.

SCHOKO-WACHTELEIER

Ich hatte einfach Lust darauf, Schokoladeneier zu kreieren, die aussehen wie Wachteleier. Deshalb habe ich eine kleine Eiform aus Kunststoff gekauft und eine Mischung aus dunkler und weißer Schokolade verwendet. Eine tolle Idee für Ostern!

Schoko-Wachteleier

Für 15 Eier   Schwierigkeitsgrad

50 g Zartbitterschokolade (mind.
    70 % Kakaogehalt) oder
    Vollmilchschokolade
200 g weiße Schokolade
Kakaopulver zum Bestäuben
    (optional)

Außerdem
Eiform
Pinsel

Vorbereiten: 10 Minuten
Ruhezeit: 30 Minuten

Die Bitter- oder Vollmilchschokolade klein hacken und in der Mikrowelle oder einer hitzebeständigen Schüssel über dem heißen Wasserbad schmelzen. Mit dem Pinsel kleine Punkte und Flecken in die Mulden der Eiform malen, um den Effekt gefleckter Eierschalen zu erzielen (siehe Abbildung 1). Die Schokolade fest werden lassen.

Die weiße Schokolade klein hacken und schmelzen. Für kompakte Eier die Mulden füllen und kalt stellen, bis die Schokolade fest geworden ist (siehe Abbildung 2). Für Eier, die innen hohl sind, die Mulden mit Schokolade füllen, Schokolade ausgießen und auf einer glatten Unterlage fest werden lassen (siehe Abbildung 3).

Ist die Schokolade fest, die Eier aus den Mulden drücken und die Hälften mit weiterer geschmolzener weißer Schokolade zusammenfügen (siehe Abbildung 4). Nach Belieben einige Eier mit Kakaopulver bestäuben, um sie dunkler wirken zu lassen.

1. Mit dem Pinsel Punkte und Flecken in die Mulden malen, um den Effekt gefleckter Eierschalen zu erzielen.

2. Die Mulden mit weißer Schokolade füllen. Entweder kompakte Eier oder Hohlformen herstellen.

3. Für hohle Eier die Schokolade wieder ausgießen und die Form auf einer glatten Unterlage fest werden lassen.

4. Die Hälften mit geschmolzener Schokolade zusammenfügen.

Brasilianische Brigadeiros

Für 25 Schokotrüffel   Schwierigkeitsgrad

Für die Schokotrüffel
Fett für das Blech
400 g gesüßte Kondensmilch
2 EL Butter
3 EL Kakaopulver

Für die Umhüllung
Kakaopulver, Kokosraspel,
gehackte Nüsse, Puderzucker,
Zuckerstreusel oder nach
Belieben andere Dekoration

Außerdem
Backblech

Vorbereiten: 10 Minuten plus 10–20 Minuten Kühlzeit
Fertigstellen: 20 Minuten

Für die Schokotrüffel
Das Backblech einfetten.

Die Zutaten für die Schokotrüffel in einem Topf unter Rühren erhitzen, bis die Butter geschmolzen ist. Etwa 10 Minuten weiterrühren, bis die Mischung eindickt. Auf das Backblech gießen und 10–20 Minuten kalt stellen.

Die Hände einfetten und die gekühlte Mischung zu kleinen Kugeln formen. Die Mischung sollte beim Auseinanderziehen Fäden ziehen, als Kugel jedoch ihre Form behalten.

Für die Umhüllung
Die Kugeln in Kakaopulver, Kokosraspeln, gehackten Nüssen oder Puderzucker wälzen. Nach Belieben mit Zuckerstreuseln oder einer anderen Verzierung bestreuen.

ERDBEER-
MARSHMALLOWS

In diesen Marshmallows stecken frische Erdbeeren, dadurch schmecken sie wie ein leckerer Erdbeer-Milchshake. Ganz nach Gusto können Sie die Marshmallows auch mit anderen Sommerbeeren zubereiten. Ich liebe es, Marshmallows selbst zu machen. Es ist zwar etwas aufwendig, aber der wunderbare Geschmack rechtfertigt die Mühe.

Erdbeer-Marshmallows

Für 16 große Stücke   Schwierigkeitsgrad ♊♊

350 g Erdbeeren
2 EL Zitronensaft
370 g feiner Zucker
6 Blatt Gelatine
2 Eiweiß
½ TL Salz
1 TL Vanilleextrakt (ersatzweise
    gemahlene Vanille)
Fett für die Form
Puderzucker und Maisstärke
    zum Bestäuben

Außerdem
Standmixer
Küchenmaschine mit
    Schneebeseneinsatz
Backpinsel
Zuckerthermometer
Backform (20 x 30 cm)

Vorbereiten: 30 Minuten
Ruhezeit: 4 Stunden

Die Beeren klein schneiden, mit Zitronensaft und 1 EL Zucker in einem Topf bei geringer Hitze zum Kochen bringen, bis die Früchte zerfallen. Im Mixer pürieren und durch ein Sieb passieren. Weitere 10 Minuten erhitzen, bis das Püree eine marmeladenartige Konsistenz (siehe Abbildung 1) annimmt. Beiseitestellen.

Die Blattgelatine in einer Schüssel mit Wasser einweichen und beiseitestellen (siehe Abbildung 2).

Eiweiße, Salz, Vanilleextrakt und 1 EL Wasser in die Rührschüssel der Küchenmaschine geben, den Schneebesen einsetzen, die Maschine jedoch noch nicht einschalten.

Den übrigen Zucker und 3 EL Wasser in einem Topf mit dickem Boden unter Rühren erhitzen, bis sich der Zucker aufgelöst hat. Zuckerkristalle von den Seiten des Topfes mit einem mit Wasser befeuchteten Backpinsel in den Sirup streichen (siehe Abbildung 3). Zuckerthermometer einsetzen. Wenn der Zuckersirup eine Temperatur von 120 °C erreicht hat, die Küchenmaschine einschalten und die Eiweiße schlagen, bis sich steife Spitzen bilden (siehe Abbildung 4).

Unterdessen das Fruchtpüree erneut erwärmen.

1. Das Fruchtpüree erhitzen, bis es eine marmeladenartige Konsistenz annimmt.

2. Die Blattgelatine in einer Schüssel mit Wasser einweichen und beiseitestellen.

3. Bei der Zubereitung des Sirups mithilfe eines mit Wasser befeuchteten Backpinsels Zuckerkristalle von den Seiten des Topfes in den Sirup streichen.

4. Wenn der Zuckersirup eine Temperatur von 120 °C erreicht hat, das Eiweiß schlagen, bis sich steife Spitzen bilden.

Gelatine ausdrücken (siehe Abbildung 5) und unter den Sirup rühren. Den Sirup aufkochen, dabei aufpassen, er ist heiß! Wenn der Zuckersirup eine Temperatur von 130 °C erreicht hat, langsam in den Eischnee gießen, während dieser weiter auf höchster Stufe geschlagen wird.

Den Eischnee weitere 3 Minuten schlagen, bis die Masse dick und glänzend ist. Nun das Fruchtpüree hinzufügen und weitere 5–8 Minuten rühren (siehe Abbildung 6).

Die Backform leicht einfetten. Etwas Puderzucker und Maisstärke zu gleichen Teilen vermischen und in die Backform sieben, Überschuss ausklopfen (siehe Abbildung 7). Die Marshmallowmischung in der Backform verstreichen (siehe Abbildung 8) und erneut mit der Mischung aus Puderzucker und Maisstärke bestäuben. 4 Stunden ruhen lassen, dann in Stücke schneiden und diese wieder in Puderzucker und Maisstärke wälzen. In einem luftdichten Behälter halten sich die Marshmallows bis zu 4 Tage.

5. Gelatine ausdrücken, bevor sie unter den Sirup gerührt wird.

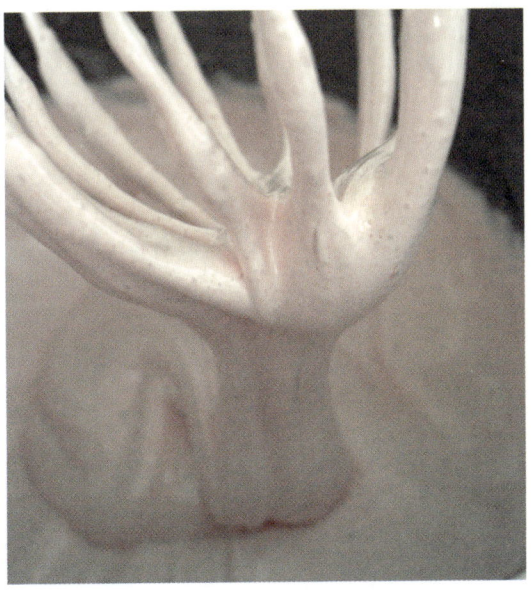

6. Wenn die Masse dick und glänzend ist, das Fruchtpüree weitere 5–8 Minuten unterrühren.

7. Puderzucker und Maisstärke in die Backform sieben. Überschuss ausklopfen.

8. Die Marshmallowmischung in der Backform verstreichen.

Pistazien-Cranberry-Nugat

Für 16 Stücke   Schwierigkeitsgrad ♪ ♪

Fett für die Form
2 Blatt essbares Reispapier
    (Asialaden, siehe auch
    Bezugsadressen im Anhang)
3 Eiweiß
380 g feiner Zucker
2 EL Honig
1 EL Zuckerrübensirup
70 g Pistazien
55 g getrocknete Cranberrys

Außerdem
Küchenmaschine mit
    Schneebeseneinsatz
Backpinsel
Teigschaber
Zuckerthermometer
Backform (20 x 30 cm)

Vorbereiten: 20 Minuten
Ruhezeit: 12 Stunden

Die Backform einfetten und mit einem Blatt Reispapier auslegen.

Eiweiße in die Rührschüssel der Küchenmaschine geben, den Schneebesen einsetzen, die Maschine jedoch noch nicht anschalten. Zucker, 60 ml Wasser, Honig und Sirup in einem Topf unter Rühren erhitzen, bis sich der Zucker aufgelöst hat. Zuckerkristalle von den Seiten des Topfes mit einem mit Wasser befeuchteten Backpinsel zurück in den Sirup streichen. Das Zuckerthermometer einsetzen und ohne Rühren weiter erhitzen. Hat der Sirup eine Temperatur von 100 °C erreicht, die Küchenmaschine anschalten und das Eiweiß schlagen, bis sich steife Spitzen bilden.

Hat der Sirup eine Temperatur von 120 °C erreicht, den Sirup langsam im Strahl zum Eischnee gießen, während dieser weiter auf höchster Stufe geschlagen wird. Weitere 4–6 Minuten schlagen, bis die Masse dick und glänzend ist.

Die Mischung in die Backform streichen und mit einem zuvor in heißes Wasser getauchten Teigschaber glätten. Pistazien und Cranberrys darüberstreuen und mit einem Blatt Reispapier belegen. Über Nacht aushärten lassen, dann in Stücke schneiden.

CHOCOLATE-CHIP-KEKS-KARAMELL

Ich hatte noch Schlagsahne übrig, die dringend auf-
gebraucht werden musste, und so entschied ich mich,
Karamell zuzubereiten. Aber als Extra-Schmankerl habe
ich auch einen Keksteig gerührt und diesen zum Karamell
hinzugefügt — so lecker und perfekt, um das Ergebnis
mit Freunden gemeinsam zu genießen.

Chocolate-Chip-Kekskaramell

Für 20 kleine Stücke   Schwierigkeitsgrad ♪♪

Für den Keksteig

90 g Butter

85 g heller Muscovadozucker

1 TL Vanilleextrakt (ersatzweise
    gemahlene Vanille)

1 EL Zuckerrübensirup

150 g Weizenmehl

50 g Schokoladentröpfchen

Für das Karamell

150 ml Milch

75 g Sahne

75 g Mascarpone

275 g feiner Zucker

100 g heller Muscovadozucker

90 g Butter

1 Prise Salz

Außerdem

Backblech

Backform (20 x 30 cm)

Zuckerthermometer

Vorbereiten: Keksteig: 10 Minuten, Karamell: 5 Minuten
Zubereiten: 20 Minuten
Fertigstellen: 10 Minuten

Für den Keksteig

Butter und Zucker in einer Schüssel cremig schlagen. Vanille-extrakt und Sirup unterrühren, dann das Mehl darübersieben, die Schokoladentröpfchen hinzufügen und zu einem Teig verarbeiten. Zu kleinen Kugeln formen (siehe Abbildung 1), auf ein Backblech setzen und 30 Minuten tiefkühlen.

Für das Karamell

Die Backform mit Backpapier auslegen.

Milch, Sahne, Mascarpone, beide Zuckersorten und Butter in einem Topf mit dickem Boden unter Rühren erhitzen, bis sich der Zucker gelöst hat und die Butter geschmolzen ist. Das Zuckerthermometer einsetzen und die Mischung zum Kochen bringen (siehe Abbildung 2). Wenn die Mischung eine Temperatur von 118 °C erreicht hat, Topf vom Herd ziehen und das Salz unterrühren.

Die Mischung leicht abkühlen lassen und dann erneut rühren, bis sie zu glänzen beginnt. In die Backform gießen und abkühlen lassen (siehe Abbildung 3).

Die Keksteig-Kugeln in die Karamellmasse drücken (siehe Abbildung 4), anschließend in Stücke schneiden. Kühl und trocken in einem luftdichten Behälter 1 Woche aufbewahren.

1. Den Keksteig zu kleinen Kugeln formen.

2. Bei der Zubereitung des Karamells ein Zuckerthermometer verwenden, bei 118 °C vom Herd ziehen.

3. In die Backform gießen und abkühlen lassen.

4. Die Keksteig-Kugeln in die Fudge-Masse drücken.

4. Für besondere Anlässe

Mit Cheesecake gefüllte Tulpen

Für 8 gefüllte Tulpen   Schwierigkeitsgrad

8 ganze unbehandelte Tulpen
und 5 Blütenblätter
110 g Keksbrösel (etwa 8 einfache
Kekse)
2 EL Zucker
30 g Sahne
30 g Mascarpone
85 g Frischkäse
125 g Puderzucker
2 EL Zitronensaft
pink- oder lilafarbene
Lebensmittelfarbe

Außerdem
Spritzbeutel

Vorbereiten: 10 Minuten
Fertigstellen: 8–10 Minuten

Aus den Tulpen die Stempel herausschneiden, sodass nur die Blütenblätter stehen bleiben, die vom Stängel gehalten werden. Die Blüten vorsichtig waschen, um Pollenstaub zu entfernen, anschließend trocknen lassen. Die 5 Blütenblätter klein hacken.

Keksbrösel mit dem Zucker mischen und etwas davon in jede Tulpe geben.

Sahne und Mascarpone schlagen, bis sich steife Spitzen bilden (es ist eventuell einfacher, mehr als benötigt aufzuschlagen und die übrige Sahne-Mascarpone-Mischung für eine weitere Zubereitung zu verwenden). Die geschlagene Sahnemischung mit Frischkäse, Puderzucker, Zitronensaft und den gehackten Blütenblättern verrühren. Etwas Lebensmittelfarbe in jeweils kleinen Mengen hinzufügen, bis der gewünschte Farbton erreicht ist.

Die Mischung in einen Spritzbeutel füllen und in jede Tulpenblüte spritzen. Man kann die gesamte Blüte essen und nur den Stängel zurücklassen. Oder die Tulpen mit kleinen Löffeln servieren, sodass sie wie kleine Schälchen ausgelöffelt werden können.

PANTONE®
18-3224 TPX
Radiant Orchid

SELBST GEMACHTE POP TARTS

❧

Diese Teigtaschen sind im Nu fertig und richtig lecker.
Ich habe sie mit Pfirsichen und Heidelbeeren gefüllt. Sie
können das Gebäck jedoch auch mit anderen Früchten
füllen – je nachdem, was Sie gerade vorrätig haben.

Selbst gemachte Pop Tarts

Für 6 Pop Tarts   Schwierigkeitsgrad 🥄

Für den Teig
200 g Weizenmehl
125 g Butter
2 EL feiner Zucker
1 Eigelb

Für die Füllung
5 kleine weiße Pfirsiche
115 g Heidelbeeren
55 g feiner Zucker

Für die Glasur
60 g Puderzucker

Außerdem
Küchenmaschine
Nudelholz
Backblech
Teigrädchen (optional)

Vorbereiten: 30 Minuten
Backzeit: 20 Minuten
Dekorieren: 5 Minuten

Für den Teig
Mehl, Butter und Zucker in der Schüssel der Küchenmaschine verrühren. Eigelb hinzufügen und zu einem Teig verrühren. Mit Frischhaltefolie abdecken und 20 Minuten kühlen.

Den Backofen auf 180 °C vorheizen.

Für die Füllung
Die Pfirsiche schälen, die Kerne entfernen und das Fruchtfleisch in Scheiben schneiden. Alle Pfirsichstücke und die Hälfte der Heidelbeeren in eine Schüssel geben und mit der Hälfte des Zuckers bestreuen. Die übrigen Heidelbeeren in einem Topf mit dem übrigen Zucker aufkochen, bis die Flüssigkeit reduziert ist. Durch ein Sieb in eine Schüssel passieren. Topf nicht reinigen, sondern beiseitestellen.

Den Teig ausrollen und in 12 Rechtecke schneiden (siehe Abbildung 1). Etwas Sirup, dann etwas Fruchtmischung auf der Hälfte der Teigstücke verteilen (siehe Abbildung 2). Jeweils ein zweites Teigstück auflegen, entlang der Kanten zusammendrücken, oben ein wenig einschneiden. Nach Belieben die Kanten mit einem Teigrädchen beschneiden (siehe Abbildung 3). Die Teigstücke vorsichtig auf ein mit Backpapier ausgelegtes Backblech setzen und 20 Minuten backen.

Für die Glasur
Den Puderzucker in den Topf geben und zu einer dicken Glasur verrühren. Falls nötig, etwas Wasser dazugeben. Die Pop Tarts mit der Glasur beträufeln (siehe Abbildung 4).

152

1. Den Teig in 12 Rechtecke schneiden.

2. Die Hälfte der Teigstücke mit der Füllung bestreichen.

3. Jeweils ein zweites Teigstück auflegen, entlang der Kanten zusammendrücken und beschneiden.

4. Die Pop Tarts mit der Glasur beträufeln.

CHURROS MIT ZINTZUCKER UND DULCE DE LECHE

❧

Ich liebe Churros, wollte aber anstelle der länglichen Streifen kleine Kugeln formen. Der Teig ist in Prinzip ein Brandteig, der jedoch in Fett ausgebacken wird und fest genug ist, um mit den Händen geformt zu werden. Übrigens habe ich festgestellt, dass angefeuchtete Hände das Rollen des Teigs erleichtern. Traditionell werden Churros mit Schokosauce zum Dippen serviert – ich habe mich für Dulce de Leche entschieden.

Churros mit Zimtzucker und Dulce de Leche

Für 16 Churros   Schwierigkeitsgrad

Für die Umhüllung
110 g feiner Zucker
1 TL Zimt

Für die Churros
2 Eier (Größe M)
90 g Butter
3 EL dunkler Muscovadozucker
1 Prise Salz
150 g Weizenmehl
½ TL Vanilleextrakt (ersatzweise
    gemahlene Vanille)
Sonnenblumenöl zum Ausbacken

Zum Servieren
400 g Dulce de Leche (Dose,
    siehe Seite 120 für selbst
    gemachte Dulce de Leche)

Außerdem
Küchenmaschine
Spritzbeutel (optional)
Fritteuse (optional)

Vorbereiten: 10 Minuten
Backzeit: 20 Minuten

Für die Umhüllung
In einer Schüssel Zucker und Zimt vermengen und für später beiseitestellen.

Für die Churros
Die Eier in einer Schüssel verquirlen. Butter, Zucker, Salz und 250 ml Wasser in einem Topf unter Rühren zum Kochen bringen, bis die Butter geschmolzen ist. Den Topf vom Herd nehmen, Mehl hinzufügen und mit einem Holzlöffel unterrühren, bis sich eine glatte Masse bildet, die sich von den Seiten des Topfes löst. Zurück auf den Herd stellen und eine weitere Minute rühren. Den Teig in die Rührschüssel der Küchenmaschine geben und mit dem Rühren beginnen (siehe Abbildung 1). Die Eier langsam zugeben und untermengen. Den Vanilleextrakt hinzufügen.

Entweder den Teig mit den Händen oder mithilfe des Spritzbeutels zu kleinen Kugeln formen (siehe Abbildung 2). Das Sonnenblumenöl in einer Pfanne oder der Fritteuse auf 180 °C erhitzen. Die Temperatur kann mit einem Holzlöffel überprüft werden: Bildet das Öl am Löffel kleine Bläschen, wenn er ins Öl gehalten wird, ist es heiß genug. Einige Churros ins Öl geben und von jeder Seite 2–3 Minuten backen (siehe Abbildung 3). Anschließend die Teigkugeln im Zimtzucker wälzen (siehe Abbildung 4). Mit dem Rest ebenso verfahren.

Zum Servieren
Die Dulce de Leche in eine Schüssel füllen und zum Dippen zu den Churros servieren.

1. Den Teig in die Rührschüssel der Küchenmaschine geben, mit dem Rühren beginnen. Die
Eier langsam zugeben, bis sie vermengt sind.

2. Den Teig zu kleinen Kugeln formen.

3. Jeweils einige Churros im heißen Öl von jeder Seite 2–3 Minuten goldbraun ausbacken.

4. Die Teigkugeln im Zimtzucker wälzen.

SCHOKO-SALAMI MIT FRÜCHTEN UND NÜSSEN

Dies ist eine der tollsten Leckereien, die ich je gekostet habe. Sie ist leicht zuzubereiten und ein schönes Geschenk zu Weihnachten. Das Rezept ergibt entweder eine große Salami oder zwei kleinere — für letztere habe ich mich entschieden. Und obwohl sie auch wie eine Salami aussieht, schmeckt sie doch so unglaublich köstlich schokoladig!

Schoko-Salami mit Früchten und Nüssen

Für 1 große oder 2 kleine Salamis   Schwierigkeitsgrad

250 g Zartbitterschokolade
(mind. 70 % Kakaogehalt)
90 g Butter
150 g feiner Zucker
3 Eier (Größe M)
2 EL Kakaopulver
2 EL Vanilleextrakt (ersatzweise
gemahlene Vanille)
8–10 Amarettini oder andere
Kekse
45 g Pistazien
35 g Mandelblättchen
4 EL Haselnüsse
4 EL getrocknete Cranberrys
Puderzucker zum Bestäuben

Außerdem
Frischhaltefolie
Käseleinen und Bäckergarn
(optional)

Vorbereitung: 30 Minuten
Ruhezeit: 12 Stunden

Die Schokolade klein hacken, in der Mikrowelle oder in einer hitzebeständigen Schüssel über dem heißen Wasserbad schmelzen, dann beiseitestellen.

Butter und Zucker in einer Schüssel cremig schlagen, dann die Eier einzeln unterrühren (falls Sie Bedenken haben, rohe Eier zu verwenden, schlagen Sie die Eier über dem Wasserbad dick-cremig auf und geben Sie sie anschließend zur Mischung hinzu).

Das Kakaopulver unter die geschmolzene Schokolade rühren, diese dann zur Butter-Eier-Mischung geben und gut verrühren. Den Vanilleextrakt unterrühren.

Die Kekse in kleine Stücke brechen und mit den Nüssen und Cranberrys zur Mischung hinzufügen. Unterrühren und 30 Minuten kalt stellen.

Wie bei Abbildung 1 und 2 gezeigt, Frischhaltefolie auf die Arbeitsfläche legen, etwas Teig daraufsetzen und mithilfe der Folie zu einer Salami rollen. Die Enden der Frischhaltefolie zusammendrehen (siehe Abbildung 3) und über Nacht kalt stellen.

Die Frischhaltefolie entfernen, Schoko-Salami auswickeln und mit den Händen Puderzucker auftragen (siehe Abbildung 4). Damit es wie eine richtige Salami aussieht, diese in ein Stück Käseleinen einwickeln, eventuell Bäckergarn darumbinden.

1. Frischhaltefolie auf die Arbeitsfläche legen. Die Folie kann auch mit etwas Puderzucker bestäubt werden.

2. Etwas Teig auf die Folie setzen und diesen mithilfe der Folie zu einer Salami rollen.

3. Die Enden der Frischhaltefolie zusammendrehen.

4. Nachdem die Schoko-Salami gekühlt wurde, die Oberfläche mit Puderzucker bestäuben.

SOMMERLICHE CHERRY PIE S'MORES

Der typisch amerikanischen Leckerei, den S'mores, habe ich
einen sommerlichen Touch verliehen – mit selbst gemachten
Kirsch-Marshmallows und Keksen mit Gittermuster
anstelle von Graham- oder anderen Keksen.
Sie schmecken einfach wunderbar!

Sommerliche Cherry Pie S'mores

Für 16 große Marshmallows und 12 Gitterkekse   Schwierigkeitsgrad

Für die Marshmallows

350 g entsteinte Kirschen

2 EL Zitronensaft

370 g feiner Zucker

6 Blatt Gelatine oder 3 ½ Päckchen
   gemahlene Gelatine

2 Eiweiß

½ TL Salz

1 TL Vanilleextrakt (ersatzweise
   gemahlene Vanille)

Puderzucker und Maisstärke
   zum Bestäuben

Für die Gitterkekse

200 g Weizenmehl

110 g feiner Zucker

125 g Butter

1 TL Vanilleextrakt (ersatzweise
   gemahlene Vanille)

1 Ei (Größe M)

Außerdem

Standmixer

Backpinsel

Zuckerthermometer

Küchenmaschine mit
   Schneebeseneinsatz

Backform (20 x 30 cm)

Backblech

Nudelholz

Vorbereiten: Marshmallows: 30 Minuten, Kekse: 20 Minuten
Ruhezeit/Kühlen: Marshmallows: 4 Stunden,
Kekse: 30 Minuten
Backzeit: 6–8 Minuten

Für die Marshmallows

Die Kirsch-Marshmallows wie auf Seite 136–139 beschrieben zubereiten. Eine kleine Menge des Kirschpürees zum Servieren beiseitestellen.

Für die Gitterkekse

Alle Zutaten für die Kekse in der Küchenmaschine verrühren. Den Teig auf der Arbeitsfläche zu einer Kugel formen, mit Frischhaltefolie abdecken und 30 Minuten kalt stellen.

Den Backofen auf 180 °C vorheizen, Backblech mit Backpapier auslegen. Den Keksteig ausrollen und in Streifen schneiden, diese dann zu einem Gitter legen, indem die Streifen über- und untereinander verwoben werden (siehe Abbildung 1, 2 und 3). Zu Keksen gleicher Größe schneiden (siehe Abbildung 4), auf das Backblech setzen und 6–8 Minuten backen.

Zum Servieren Marshmallow-Stücke mit etwas Kirschpüree zwischen 2 Gitterkekse setzen.

1. Jeden zweiten Teigstreifen anheben und nach oben umschlagen.

2. Die Streifen über- und untereinander verweben.

3. Fortfahren, bis das Gittermuster fertiggestellt ist.

4. Zu Keksen gleicher Größe schneiden.

Buchweizentorte mit Beerenkompott

Für 8–10 Personen   Schwierigkeitsgrad

Für den Biskuitteig

250 g Butter plus etwas für
  die Form
220 g feiner Zucker
4 Eier (Größe M)
1 TL Vanilleextrakt (ersatzweise
  gemahlene Vanille)
220 g Buchweizenmehl
2 TL Backpulver
2 EL Milch

Für das Beerenkompott

5 Erdbeeren
10 Brombeeren
10 Himbeeren
55 g Zucker

Zum Verzieren

200 g Sahne
2 EL Puderzucker plus etwas zum
  Bestäuben
frische Beeren zur Dekoration
frische Blumen zur Dekoration

Außerdem

2 Backformen (ø 12 cm)

Vorbereiten: 10 Minuten
Tiefkühlen: 25–30 Minuten
Dekorieren: 10 Minuten

Für den Biskuitteig

Den Backofen auf 180 °C vorheizen, Backformen einfetten. Butter und Zucker in einer Schüssel hell und cremig schlagen. Die Eier einzeln hinzufügen und vor jeder weiteren Zugabe jeweils gut verrühren. 1 TL Vanilleextrakt hinzufügen, Mehl und Backpulver darübersieben und unter die Mischung rühren. Die Milch zugießen.

Die Teigmischung gleichmäßig auf 2 Backformen verteilen und auf gleicher Schiene rund 25–30 Minuten backen. Vollständig auskühlen lassen.

Für das Beerenkompott

Die Erdbeeren klein schneiden. Mit allen weiteren Zutaten und 1 EL Wasser bei mittlerer Hitze ungefähr 10 Minuten erhitzen, bis die Beeren zerfallen und die Flüssigkeit reduziert ist (die Konsistenz sollte wie Konfitüre sein). Abkühlen lassen.

Zum Verzieren

Sahne und Zucker schlagen, bis sich steife Spitzen bilden. Einen Teigboden auf eine Kuchenplatte oder einen Tortenständer setzen. Die Hälfte der geschlagenen Sahne auf dem Boden verteilen, das Beerenkompott darüberstreichen. Den zweiten Boden auflegen und mit der übrigen Sahne bestreichen. Mit Beeren und eventuell Blüten verzieren (ich habe eine Rose verwendet) sowie mit Puderzucker bestäuben.

Ananas-Maracuja-Sorbet

Für 500 ml   Schwierigkeitsgrad

1 Ananas
55 g feiner Zucker
1 EL Honig
3 Maracujas (Passionsfrüchte)

Außerdem
Standmixer

Vorbereiten: 10 Minuten
Kühlzeit: 3 Stunden

Die Ananas der Länge nach halbieren, die weichen Teile herauslöffeln und den harten Strunk entsorgen. Das herausgelöffelte Fruchtfleisch im Mixer pürieren. Das Püree mit 250 ml Wasser, Zucker und Honig in einen Topf geben. Die Kerne der Maracujas herauslösen und dazugeben. Bei mittlerer Hitze erhitzen, bis sich der Zucker aufgelöst hat.

Die Masse in die ausgehöhlte Ananas geben und 30 Minuten tiefkühlen. Die Ananas aus dem Tiefkühler nehmen, das Sorbet umrühren und weitere 30 Minuten tiefkühlen. Ein weiteres Mal umrühren, anschließend 2 Stunden oder bis zum Servieren tiefkühlen.

BAKEWELL-TART-EISCREME

Bakewell Tarts, ein typisch britisches Gebäck, sind der süße Favorit meines Lebensgefährten. Mit diesem Rezept habe ich versucht, eine Eiscreme mit genau diesem Geschmack zu kreieren. Als Topping habe ich Bakewell Tarts im Mini-Format gebacken.

Bakewell-Tart-Eiscreme

Für 1 l Eiscreme und 8 Mini-Tarts   Schwierigkeitsgrad

Für die Eiscreme

175 g Sahne

175 g Mascarpone

250 ml Milch

1 Vanilleschote

2 TL Mandelextrakt (siehe
    Bezugsquellen im Anhang)

165 g feiner Zucker

6 Eigelb

4 EL Himbeerkonfitüre

5 EL Mandelblättchen

**Für das Gebäck und die
    Füllung**

150 g Weizenmehl

60 g feiner Zucker

1 Prise Salz

4 EL Eiswasser

2 Tropfen Mandelextrakt (siehe
    Bezugsquellen im Anhang)

60 g Butter

1 Ei (Größe M)

¼ TL Backpulver

4 EL Mandelmehl

4 EL Himbeerkonfitüre

Mandelblättchen

Außerdem

Eismaschine

Kastenform (1 l)

Nudelholz

Backform für Mini-Muffins

Hülsenfrüchte oder Reis zum
    Blindbacken

Vorbereiten: Eiscreme: 30 Minuten plus Rührzeit,
Gebäck: 20 Minuten
Tiefkühlen/Kühlen: Eiscreme: 3 Stunden, Gebäck: 20 Minuten
Backen: 18–20 Minuten oder länger

Für die Eiscreme

Sahne, Mascarpone, Milch, Vanilleschote und Mandelextrakt in
einem Topf langsam zum Kochen bringen, vom Herd nehmen
und zugedeckt 10 Minuten ziehen lassen. Die Vanilleschote entfernen und erneut zum Kochen bringen. Zucker und Eigelbe in
einer Schüssel verrühren. Ein Viertel der Sahnemischung unter
konstantem Rühren dazugießen. Die Mischung zurück in den
Topf geben, wieder auf den Herd stellen und unter Rühren eindicken lassen. In die Eismaschine füllen und nach Herstellerangaben verarbeiten. Konfitüre und Mandeln unterrühren, die Mischung in eine Kastenform füllen und rund 3 Stunden tiefkühlen.

Für das Gebäck und die Füllung

100 g Mehl, 3 TL Zucker und Salz vermengen. Eiswasser und
1 Tropfen Mandelextrakt hinzufügen und verrühren. Den Teig zu
einer Kugel formen, in Folie einwickeln und 20 Minuten kühlen.

Backofen auf 180 °C vorheizen und die Backform einfetten. Den
Teig ausrollen, in kleine Kreise schneiden und diese in die Mulden
setzen. Backpapier und Hülsenfrüchte in jede Mulde geben (siehe
Abbildung 1), 10 Minuten blindbacken. Abkühlen lassen.

Die Butter und übrigen Zucker cremig schlagen, dann das Ei
unterrühren. Den übrigen Mandelextrakt unterrühren, den Rest
Mehl, Backpulver und das Mandelmehl darübersieben und
unterheben. Etwas Konfitüre in jedes Törtchen geben und die
Füllung einspritzen (siehe Abbildung 2 und 3). Mit Mandelblättchen bestreuen und ca. 8–10 Minuten backen.

1. Die Tarts mit Backpapier und Hülsenfrüchten blindbacken.

2. Etwas Konfitüre in jedes Törtchen geben.

3. Die Mandelfüllung einspritzen.

4. Zum Servieren mit Mandelblättchen bestreuen, etwas Himbeersauce darüberträufeln und ein Mini-Tart aufsetzen.

PFIRSICH-HEIDELBEER-JOGHURT-EISTORTE

❦

Diese Torte ist schnell gemacht und eine schöne Erfrischung an heißen Sommertagen. Ich habe Pfirsiche und Heidelbeeren verwendet, die Torte schmeckt jedoch auch mit anderen Früchten wie Erdbeeren oder Himbeeren sehr lecker. Ich habe die Torte in einer Puddingform gemacht, Sie können aber auch jede andere Form verwenden.

Pfirsich-Heidelbeer-Joghurt-Eistorte

Für eine 1-l-Form   Schwierigkeitsgrad ✎

Für die Torte
235 g Heidelbeeren
110 g feiner Zucker
4 Pfirsiche
125 g Sahne
125 g Mascarpone
700 g Naturjoghurt

Für den Sirup
40 g Heidelbeeren plus etwas
    zum Dekorieren
3 EL feiner Zucker

Außerdem
2 Töpfe
Küchenmaschine
Kuchenform (1 l Fassungs-
    vermögen)

Vorbereiten: 20 Minuten
Tiefkühlen: 4 Stunden

Für die Torte
Die Heidelbeeren und die Hälfte des Zuckers sowie 1 EL Wasser in einen Topf geben. Pfirsiche und übrigen Zucker in einen zweiten Topf geben. Beide bei geringer Hitze erwärmen, bis die Früchte weich werden. Die Pfirsiche schälen und klein schneiden, in der Maschine pürieren und durch ein Sieb in eine Schüssel passieren. Die Heidelbeermischung in eine zweite Schüssel passieren (dafür wird keine Küchenmaschine benötigt).

In einer großen Schüssel die Sahne mit dem Mascarpone schlagen und den Joghurt unterrühren. Ein wenig von der Joghurtmischung zum Pfirsichpüree geben. Eine kleine Menge von der Joghurtmischung in eine zweite Schüssel geben und einige EL des Heidelbeerpürees unterrühren. Den übrigen Joghurt und die Heidelbeermischung verrühren – es wird Heidelbeerjoghurt in zwei Farbschattierungen und eine Mischung mit Pfirsich benötigt.

Den dunkleren Heidelbeerjoghurt zuerst in die Backform gießen und rund 5 Minuten tiefkühlen (siehe Abbildung 1). Mit dem helleren Heidelbeerjoghurt wiederholen (siehe Abbildung 2), anschließend mit dem Pfirsichjoghurt. Etwa 4 Stunden tiefkühlen. Um den Joghurt aus der Form zu lösen, die Form einige Sekunden in heißes Wasser tauchen (siehe Abbildung 3).

Für den Sirup
Beeren und Zucker mit 1 TL Wasser in einem Topf einige Minuten aufkochen, bis die Flüssigkeit reduziert ist. Durch ein Sieb zu einem homogenen Sirup passieren. Den Sirup über die Torte träufeln (siehe Abbildung 4) und die Torte mit frischen Heidelbeeren verzieren.

1. Den dunkleren Heidelbeerjoghurt zuerst in die Form gießen und rund 5 Minuten tiefkühlen.

2. Den helleren Heidelbeerjoghurt in die Form gießen und wieder rund 5 Minuten tiefkühlen.

3. Nach 4 Stunden tiefkühlen durch kurzes Eintauchen in heißes Wasser die Torte aus der Form lösen.

4. Die Torte mit Sirup beträufeln und mit frischen Heidelbeeren verzieren.

BEEREN-EISCREME MIT SELBST GE-BACKENEN WAF-FELHÖRNCHEN

Eiscreme selbst herzustellen macht Spaß, besonders dann, wenn sie nicht gerührt werden muss. Diese Eiscreme wird mit Kondensmilch, Sahne und Heidelbeersaft, Himbeeren und Kirschen zubereitet. Die Waffelhörnchen sind im Nu gebacken. Falls Sie keinen Waffelhörnchenformer zur Hand haben, rollen Sie einfach ein kreisrundes Stück Pappe zusammen.

Beeren-Eiscreme mit selbst gebackenen Waffelhörnchen

Für 500 ml Eiscreme und 5 Waffelhörnchen   Schwierigkeitsgrad

Für die Eiscreme

85 g Himbeeren
80 g Heidelbeeren
100 g entsteinte Kirschen
55 g feiner Zucker
125 g Sahne
125 g Mascarpone
3 EL Puderzucker
400 g gesüßte Kondensmilch

Für die Waffelhörnchen

4 EL Butter plus etwas zum
   Ausbacken
110 g feiner Zucker
3 EL Kakaopulver
2 Eier (Größe M)
2 EL Milch
1 TL Vanilleextrakt (ersatzweise
   gemahlene Vanille)
50 g Weizenmehl
Butter oder Öl zum Ausbacken

Außerdem

Küchenmaschine
Metallform
Bratpfanne
Waffelhörnchenformer

Vorbereiten: Eiscreme: 20 Minuten, Waffelhörnchen: 10 Minuten
Tiefkühlen/Kühlen: Eiscreme: 4–6 Stunden,
Waffelhörnchen: 20 Minuten
Zubereiten: 5 Minuten je Waffelhörnchen

Für die Eiscreme

Früchte und Zucker mit 2 EL Wasser in einem Topf 10 Minuten köcheln lassen. Sobald die Früchte zerfallen, diese zerdrücken und durch ein Sieb passieren. Abkühlen lassen. Sahne, Mascarpone und Puderzucker schlagen, bis sich steife Spitzen bilden. Die Kondensmilch hinzufügen, dann das Fruchtpüree unterrühren. In eine Metallform gießen und mindestens 4–6 Stunden tiefkühlen.

Für die Waffelhörnchen

Die Butter schmelzen und mit dem Zucker und Kakaopulver in einer Schüssel verrühren. Eier, Milch und Vanilleextrakt hinzufügen und glatt rühren (siehe Abbildung 1). Das Mehl unterrühren, anschließend 20 Minuten kühlen.

Etwas Butter in einer Pfanne erhitzen. Rund 3 EL Teig in die Pfanne geben, etwas verteilen und 1 Minute in der Pfanne ausbacken (siehe Abbildung 2). Wenden und 1 weitere Minute ausbacken. Von jeder Seite weitere 1–2 Minuten ausbacken. Wenn die Waffel eine goldbraune Farbe angenommen hat, aus der Pfanne nehmen und sofort zu einem Waffelhörnchen rollen (siehe Abbildung 3 und 4). Vorsicht, nicht die Finger verbrennen! Abkühlen lassen und mit einer Kugel Eis füllen.

1. Die Kakaomischung, Eier, Milch und Vanille-extrakt glatt rühren.

2. Rund 3 EL Teig in die heiße Pfanne geben.

3. Ist die Waffel goldbraun, aus der Pfanne nehmen und sofort zum Waffelhörnchen rollen.

4. Die Waffel um den Former gerollt abkühlen lassen. Die übrigen Waffelhörnchen ebenso zubereiten.

Kiwi-Limetten-Eis am Stiel

Für 6 Eis am Stiel   Schwierigkeitsgrad

5 Kiwis
Saft und abgeriebene Schale
   von 1 Bio-Limette
11 Minzeblättchen
55 g feiner Zucker

Außerdem
Standmixer
Lolli-Förmchen
6 Lolli-Stiele oder Zweige

Vorbereiten: 10 Minuten
Tiefkühlen: 2–4 Stunden

---

4 Kiwis schälen, klein schneiden und mit 500 ml Wasser in einen Topf geben. Den Limettensaft und abgeriebene Limettenschale sowie 5 Minzeblättchen hinzufügen. Den Zucker unterrühren und köcheln lassen, bis er sich aufgelöst hat.

Die Minzeblätter entfernen und die Mischung im Standmixer pürieren. Durch ein Sieb in einen Krug passieren und anschließend in die Lolli-Förmchen gießen. Die übrige Kiwi klein schneiden, einen Lolli-Stiel in jedes Fruchtstück schieben und auf jede Mulde legen, sodass die Kiwi auf der Unterseite des Eis am Stiel liegt. Ich habe Zweige als Stiele verwendet, achten Sie jedoch darauf, diese gründlich zu säubern.

Je ein Minzeblättchen auf jedes Kiwistück setzen. Das Eis 2–4 Stunden tiefkühlen.

KAMILLEN-ZITRONEN-BAKED-ALASKA

Ich habe mir diese Geschmackskombination ausgedacht und konnte es kaum erwarten, diese Kreation in die Tat umzusetzen. Also machte ich mich daran, meinen neuen Flambierbrenner einzuweihen und damit ein wunderbares Dessert zu kreieren. Ich finde die Idee toll, Baked Alaska mit einem kleinen, aber feinen Unterschied zuzubereiten. Die Aromen harmonieren ganz wunderbar: Kamille und Honigeis auf einem zitronigen Biskuitteig, bedeckt mit glänzendem italienischem Baiser. Zum Dekorieren habe ich in meinem Garten frische Blüten gepflückt.

Kamillen-Zitronen-Baked-Alaska

Für 6–8 Personen   Schwierigkeitsgrad 🥄🥄

Für die Eiscreme

175 g Sahne
175 g Mascarpone
250 ml Milch
1 Vanilleschote
2 Kamillenteebeutel
165 g feiner Zucker
6 Eigelb
3 EL Honig

Für den Teig

60 g Butter und etwas für
    die Form
55 g feiner Zucker
1 Ei (Größe M)
abgeriebene Schale von
    1 Bio-Zitrone
Saft von ½ Zitrone
75 g Weizenmehl
1 ½ TL Backpulver
1 Prise Salz
1 EL Milch

Für das Baiser

125 g Eiweiß (etwa 3 Eiweiß)
220 g feiner Zucker

Zum Dekorieren

frische Blüten, z. B.
    Kamillenblüten oder
    Gänseblümchen

Vorbereiten: Eiscreme: 20 Minuten plus Zeit zum Rühren, Teig: 10 Minuten, Baiser: 20 Minuten
Tiefkühlen: 2–4 Stunden
Backzeit: 25 Minuten
Dekorieren: 10 Minuten

Für die Eiscreme

Sahne, Mascarpone, Milch, Vanilleschote und Teebeutel in einem Topf langsam zum Kochen bringen. Vom Herd nehmen und bei geschlossenem Deckel 10 Minuten ziehen lassen. Vanilleschote und Teebeutel entfernen und erneut zum Kochen bringen. Zucker und Eigelbe in einer Schüssel verrühren. Ein Viertel der Sahnemischung unter konstantem Rühren hinzufügen, um das Eigelb zu temperieren. Die Eigelbmischung in den Topf geben, wieder auf den Herd stellen und rühren, bis die Mischung eindickt und die Rückseite eines Löffels überzieht.

Die Masse in die Eismaschine füllen, den Honig zugeben und nach Herstellerangaben verrühren. In einen runden, hohen Behälter mit etwa dem gleichen Durchmesser der Backform füllen (ich habe eine Kanne verwendet) und 2–4 Stunden tiefkühlen. Das Lösen der tiefgefrorenen Eiscreme geht einfacher, wenn der Behälter vorher mit Frischhaltefolie ausgelegt wird.

Für den Teig

Den Backofen auf 180 °C vorheizen. Die Backform einfetten und mit Backpapier auslegen. Butter und Zucker in einer Schüssel hell und cremig schlagen. Das Ei unterrühren, dann die abgeriebene Zitronenschale und den Saft unterrühren. Mehl, Backpulver und Salz darübersieben und unterheben. Zum Auflockern des Teigs die Milch unterrühren. In die Backform füllen, 20 Minuten backen und abkühlen lassen.

1. Zum Temperieren der Eigelbe etwas Sahnemischung unter konstantem Rühren hinzufügen.

2. Der Behälter zum Tiefkühlen der Eiscreme und die Backform sollten etwa den gleichen Durchmesser haben.

3. Die Eiscreme lässt sich leicht lösen, wenn die Form kurz in heißes Wasser getaucht wird.

4. Die Eiscreme auf die Torte setzen und erneut tiefkühlen.

Außerdem

Eismaschine

runder, hoher Behälter mit
  gleichem Durchmesser wie die
  Backform

runde Backform (ich habe eine
  Form mit ø 20 cm verwendet)

Küchenmaschine mit
  Schneebeseneinsatz

Backpinsel

Zuckerthermometer

Flambierbrenner

Die Eiscreme aus der Form lösen – ich tauche dazu den Behälter kurz in heißes Wasser (siehe Abbildung 3). Die Eiscreme auf den ausgekühlten Biskuitteig setzen (siehe Abbildung 4). Erneut tiefkühlen, bis das Baiser fertig ist.

Für das Baiser

Das Eiweiß in die Rührschüssel der Küchenmaschine mit dem Schneebeseneinsatz geben, die Maschine jedoch noch nicht anschalten. Zucker und 90 ml Wasser in einem Topf mit dickem Boden erhitzen und unter Rühren den Zucker auflösen. Zuckerkristalle von den Seiten des Topfes mit einem mit Wasser befeuchteten Backpinsel zurück in den Sirup streichen. Das Zuckerthermometer einsetzen. Hat der Sirup eine Temperatur von 110 °C erreicht, die Küchenmaschine anschalten und das Eiweiß schlagen, bis sich steife Spitzen bilden (siehe Abbildung 5).

Den auf 120 °C erhitzten Sirup langsam im Strahl zum Eischnee gießen, dabei weiter auf höchster Stufe schlagen. Weitere 6–8 Minuten schlagen, bis die Masse dick und glänzend ist. Durch den heißen Sirup wird das Eiweiß gekocht, sodass kein Backen notwendig ist.

Zur Fertigstellung

Wie bei Abbildung 6 gezeigt, das Baiser auf die mit Eis bedeckte Torte aufstreichen (nicht zu glatt aufstreichen, sodass Wellen und Kanten entstehen) und mit dem Flambierbrenner (siehe Abbildung 7) bräunen. Die Blüten vorsichtig waschen und trocknen. Zum Verzieren leicht eindrücken.

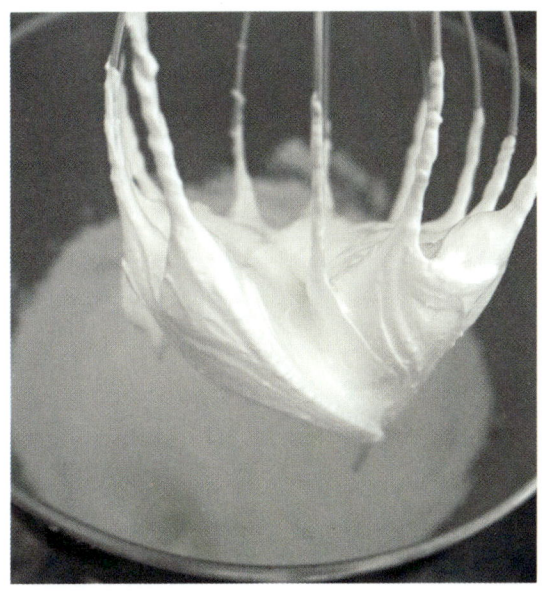

5. Das Eiweiß schlagen, bis sich steife Spitzen bilden.

6. Das Baiser auf die Torte streichen.

7. Das Baiser mit dem Flambierbrenner bräunen.

8. Mit Blüten verzieren. Nach dem Anschneiden werden die verschiedenen Tortenschichten sichtbar.

REGISTER

Impressum

Für die deutsche Ausgabe:
Übersetzung: Britta John
Satz und Covergestaltung: Arnold & Domnick, Leipzig
Lektorat: Sabine Schwarz, Bettina Snowdon
Programmleitung & Produktmanagement: Susanne Klar, Christine Rauch

© Lifestyle BusseSeewald in der frechverlag GmbH Stuttgart, 2015

Die englische Originalausgabe erschien 2015 unter dem Titel *Love, Aimee x* bei Elwin Street Limited.

Copyright © Elwin Street Limited, 2015

Conceived and produced by
Elwin Street Limited
3 Percy Street
London W1T 1DE
www.elwinstreet.com

Printed in China

1. Auflage 2015

ISBN: 978-3-7724-7405-7 • Best.-Nr. 7405

Bezugsadressen

Aromaextrakte sind bei uns im Handel meist schwer erhältlich, nur bei **Vanilleextrakt** kann man in Reformhäusern, Bioläden und größeren Supermärkten fündig werden.
Pfefferminzextrakt für die Blüten-Lollipos kann man im Internet bestellen, zum Beispiel bei www.avocadostore.de.
Bei www.gourmieze.de erhält man **Lavendelextrakt**, der für Lavendel-Cupcakes mit essbaren Blüten sowie die London Fog Mille-feuilles benötigt wird.
Mandelextrakt, wie für Kirsch-Mandel-Schokoladen-Blondies, Heidelbeermakronen, Mandel-Orangen-Küchlein und die Bakewell-Tart-Eiscreme verwendet, ist beispielsweise unter www.goldhahnundsampson.de oder www.american-heritage.de erhältlich. **Orangenextrakt** für Orangen-Rosenwasser-Scones mit Safran findet man bei www.7spice.de oder shop.vitaminwelten.de.
Die amerikanische Firma McCormicks bietet ein breites Sortiment von Extrakten wie Mandel-, Vanille-, Orangen- und Pfefferminzextrakt an, wie auch Dr. Oetker für den amerikanischen Markt Aromaextrakte anbietet. Sie sind über www.amazon.de zu beziehen.
Glukosesirup für die Blüten-Lollipos kann man auf Nachfrage in manchen Bäckereien vorbestellen, aber auch im Internet bei Backshops, zum Beispiel www.hobbybaecker.de, www.pati-versand.de oder www.gaumenshop.de erhalten.
Essbares Reispapier für das Pistazien-Cranberry-Nugat bekommt man in Asialäden oder bestellt es zum Beispiel bei www.gourmondo.de oder www.asiafoodland.de.

Danksagungen

Dieses Buch ist meiner Großmutter Jean gewidmet, die leider im Mai 2014 verstorben ist. Danken möchte ich Drew Smith, der meinen Blog entdeckt hat und mich dabei unterstützte, dieses Buch auf den Weg zu bringen. Ich danke Jan von Maddocks Farm Organics, die mir essbare Blüten zur Verfügung gestellt hat.

Weitere Rezepte und Inspirationen finden Sie auf www.twiggstudios.com.